Desintoxícate

SANTIAGO ROJAS

Desintoxícate

Una guía para limpiar tu cuerpo, mente y energía

Obra editada en colaboración con Planeta Colombiana – Colombia

Diseño de portada: Departamento de diseño Grupo Planeta
Foto de portada: ©iStockphoto.com/bettafish

© 2012, Santiago Rojas Posada
© 2012, Editorial Planeta Colombiana S.A. – Bogotá, Colombia

Derechos reservados

© 2013, Editorial Planeta Mexicana, S.A. de C.V.
Bajo el sello editorial DIANA M.R.
Avenida Presidente Masarik núm. 111, 2o. piso
Colonia Chapultepec Morales
C.P. 11570, México, D.F.
www.editorialplaneta.com.mx

Primera edición impresa en Colombia: marzo de 2012
ISBN: 978-958-42-2989-2

Primera edición impresa en México: junio de 2013
ISBN: 978-607-07-1697-3

Impreso en los talleres de Litográfica Ingramex, S.A. de C.V.
Centeno núm. 162, colonia Granjas Esmeralda, México, D.F.
Impreso en México – *Printed in Mexico*

A los que buscan...

Contenido

Prefacio

Nuestra lealtad es para las especies y el planeta.
Nuestra obligación de sobrevivir no es solo
para nosotros mismos, sino también
para ese cosmos, antiguo y vasto, del cual derivamos.

CARL SAGAN

UNA REFLEXIÓN SOBRE EL PLANETA

La Tierra es un gran ser vivo y en ella vivimos todos los representantes de cada una de las especies del planeta. Dependemos de ella para todo, es nuestra real y única casa, y, desafortunadamente, no está bien. ¡Está enferma! Padece muchas alteraciones generadas en su gran mayoría por nosotros, sus habitantes humanos. Lo que le pase a nuestra Madre Tierra nos afectará cada vez más. Esto que solía ser una verdad milenaria de algunos sabios de pueblos aborígenes es ya hoy, en el 2010, una realidad. Sin embargo, la gran mayoría piensa que saldrá bien librada; que el problema es de otros y que la solución debe recaer sobre las potencias mundiales, los poderosos, la buena suerte o hasta en una "deidad" que se pueda manipular. Y aunque leamos y escuchemos por todos lados lo que está empezando a ocurrir —lo más grave se avecina—, en informes documentados por científicos y ambientalistas reconocidos, poco se hace para involucrarse de manera consciente en una solución.

Hoy nos preocupamos por sanar nuestro cuerpo físico, pero olvidamos mantener el bienestar de la casa donde vivimos, sin el cual cada vez será más difícil que podamos alcanzar la salud que deseamos. Por eso, antes de empezar, quiero hacer un llamado a recordar nuestra responsabilidad con el planeta y nuestro compromiso en la búsqueda conjunta de una solución. Mi aporte será retomar lo que otros han dicho, escribirlo aquí y mostrar cómo ponerlo en práctica.

Son siete acciones que podemos implementar en este mismo instante. La primera es la *gratitud*, que consiste en reconocer, con la conciencia plena, que es esencial retribuir por lo recibido en el mismo nivel de lo obtenido; es saber que en la medida que demos, se nos dará; esta es la ley de la naturaleza. Es valioso hacer como los pueblos indígenas que conocen la naturaleza y a través de su sentir saben qué le pasa al planeta y, llenos de compasión, pueden retribuirle ya que han valorado en dimensión real todo lo recibido. Por eso, empecemos por dar las gracias —siempre hay muchas cosas que agradecer—, y así es muy probable que cambiemos nuestra actitud *por* y *para* el planeta.

La segunda acción es empezar a *ahorrar*, utilizando todo en la justa medida y proporción, lo que de una vez nos permite visualizar el futuro personal y grupal. Esta actitud lleva al uso correcto de cuanto necesitamos, aportamos y preservamos los recursos que posee la Tierra. Si dejamos de ahorrar y despilfarramos, habremos caído en el error de considerar que lo que hay en el planeta nos pertenece y que con ello podemos hacer lo que queramos. Y aunque tengamos una escritura legal de pertenencia sobre una parte de tierra, el planeta es la casa de todos, y si nos tocó por fortuna disfrutar en "exclusividad" una parte, con más razón debemos darle un buen uso. Cada ahorro en el uso de cualquier forma de energía es un tiempo más de bienestar para el presente y el futuro del planeta y de nosotros mismos.

En tercer lugar, necesitamos *conservar*, que significa permitir que todo lo que exista mantenga sus cualidades en orden, que todo esté en su apropiada expresión, que se le permita la libertad de ser lo que es. Es aprender del ayer lo que hoy corregimos por el bien de nuestro mañana. Podemos conservar, al conocer qué es, y descubriendo que lo necesitamos. Conociendo lo necesaria que es cada parte en el equilibrio y en la vida del planeta, fácilmente llegaremos a su conservación. El ser humano solo busca el conocimiento cuando lo necesita para resolver una dificultad. Esta necesidad implica ineludiblemente la conservación. Y esta conservación genera fácilmente la gratitud y la gratitud nos enseña a ahorrar.

La cuarta acción para mantener la vida activa es *sembrar*. Como la vida es perecedera en la Tierra y la necesidad apremia, es indispensable favorecer el don de la creación con la siembra, que es la que perpetúa la manifestación de la vida. Para hacerlo de manera adecuada, debemos acudir a la virtud de la compasión y al sentir de cada uno.

En este mismo sentido, para mantener lo valioso y no desechar sin haber disfrutado completamente lo que cualquier cosa puede aportar, es necesario *reciclar*. El reciclaje de infinidad de productos se puede aplicar incluso a la recuperación de la sabiduría ancestral, de donde podemos sacar mucho provecho, así como de la de las personas mayores que, en momentos de dificultad, tienen mucho que aportar.

Para el planeta, es esencial aprender a *compartir*, dando nuestro aporte, lo mejor y lo esencial de cuanto tenemos en cada momento, en cada circunstancia. ¿Cuántas veces pasamos cerca de un árbol y recibimos su sombra, su aroma, su frescor y hasta su fruto, pero por la frialdad y la indiferencia no nos damos cuenta del favor que nos brinda? No agradecemos ni retribuimos nada porque no tenemos "tiempo" para compartir un instante de la vida.

La séptima acción, tema principal de esta obra, es *desintoxicar*. Tanto para la Tierra como para el ser humano, significa retirar lo que sobra, lo que no es esencial, lo que hace daño y envenena. El planeta tiene su propio método y nosotros podemos ser parte de lo que no está bien para el equilibrio del mundo. Esperemos que no tengamos que llegar a ser eliminados para recuperar el equilibrio terrestre.

Ojalá que de aquí en adelante mantengamos presente esta reflexión y podamos empezar desde nuestro pequeño mundo, el cuerpo, el proceso de desintoxicación.

Introducción

Los mejores médicos del mundo son:
el doctor dieta, el doctor reposo y el doctor alegría.
JONATHAN SWIFT

Cuando se habla de "desintoxicación", la mayoría de personas piensa únicamente en cómo retirar del organismo los tóxicos obtenidos ya sea por una dieta o por el consumo de alcohol, cigarrillos, fármacos o drogas recreativas, entre otros. Piensan que gracias a ayunos, dietas o terapias naturales, e incluso hasta farmacológicas, pueden liberarse de las sustancias tóxicas en su cuerpo.

Sin embargo, pocos perciben que el pensamiento y las emociones también pueden llegar a ser tanto o más tóxicos que los anteriores y que, por ende, la desintoxicación debería incluir alguna estrategia para contrarrestar directamente los efectos tóxicos de los procesos de la mente y la emoción. Y solo unos cuantos consideran que es importante llevar a cabo el mismo proceso en la energía. Aunque cada vez se valida más el efecto de agentes externos en la salud y la enfermedad, como las radiaciones de todo tipo, este sigue siendo tan intangible para muchos que generalmente el tema no se aborda.

Mi percepción luego de 25 años de trabajo en consulta médica con todo tipo de pacientes, la mayoría con enfermedades graves, es que el proceso de desintoxicación, necesario para la salud y el bienestar integral, debe llevarse a cabo en *tres* niveles para lograr el resultado adecuado. Hacerlo a un solo nivel no solo puede ser insuficiente y excluyente, al olvidar la integralidad del ser, sino que puede llevar a posturas extremas, incluso al fanatismo.

Hoy, en pleno siglo XXI, donde uno de los valores predominantes de nuestras sociedades es el culto al cuerpo a toda costa, es común encontrar trastornos alimentarios como la anorexia y la bulimia. En contraste con la industrialización y el desarrollo tecnológico acelerados, emerge el retorno a lo natural como medio de compensación, siendo esto el caldo de cultivo de otro tipo de trastorno, la *ortorexia,* no relacionada con la cantidad, sino con la calidad del alimento. Este trastorno consiste en la obsesión por consumir única y exclusivamente "comida sana", preferiblemente de origen vegetal y de agricultura ecológica: es decir, libre de componentes transgénicos, sustancias artificiales, pesticidas o herbicidas, o cualquier cosa que "la contamine". Esto que en sí mismo es sano y deseable, en su extremo, conlleva a alteraciones en la relación social como producto del aislamiento, y a trastornos en la esfera mental y emocional que "intoxican" su propio ser, generando diversos malestares, no todos fáciles de sobrellevar. Además, por evitar algunos alimentos nutritivos, como los derivados de la proteína animal, y no reemplazarlos adecuadamente, es común que aparezcan enfermedades físicas, como la anemia, la osteoporosis, entre otras, derivadas de la inadecuada nutrición, aunque todo se haga en aras de la "salud perfecta".

Ahora bien, otros grupos de pensamiento consideran que todo lo que le pasa al cuerpo depende de los pensamientos y los sentimientos que el ser humano tenga; por lo tanto, cualquier trastorno que ocurra en la salud y la vida, solo tiene su origen y su cura allí. En esta postura, luego de una intoxicación alimentaria, por ejemplo, no importa lo que se haya consumido, sino el estado emocional y/o mental que acompañó dicha ingesta. Otra vez, se trata de una postura obsesiva en una dirección, que si bien es real, no es absoluta, pues ignorar el cuerpo y todos los efectos de las sustancias de cualquier tipo que ingresan a él es un error.

Lo mismo ocurre con la energía, donde la contaminación ocurre por exposición a lugares, tecnologías, personas o circunstancias con "mala energía". Estos aspectos pueden ser medibles mediante las nuevas tecnologías, y se pueden evidenciar, por ejemplo, por las radiaciones de todo tipo, o más sutiles y difícilmente cuantificadas, como las producidas por los pensamientos, los deseos, o las propias "emisiones energéticas" de otros seres humanos. Aunque este concepto es ignorado o menospreciado por muchos, para otros existe y tiene efectos reales y directos en el ser humano y su salud. Entonces, quien quiera ver al ser humano de manera integral, es necesario que conozca también este aspecto.

Más adelante, veremos cómo cada nivel del ser humano —soma (cuerpo), psique (mente-emoción) o energía— es esencial para la vida y la salud. Por ende, en la desintoxicación, la postura que recomiendo para este proceso es la integración de estos niveles. De todas maneras, quiero resaltar que la desintoxicación que se haga en cualquier nivel seguramente repercutirá en los otros dos.

Ahora bien, no todos los seres humanos son conscientes del grado de intoxicación en que se encuentran; por consiguiente, pueden no valorar lo esencial que es llevar a cabo un proceso decidido de desintoxicación a todo nivel. Estoy seguro de que si uno deja de sorprenderse o gozar cada día por algo de la vida, es porque está saturado de esta, y eso puede ser simplemente porque está intoxicado en cualquier nivel. Darse cuenta, entonces, es el primer paso para revertirlo.

Sin embargo, es un riesgo caer en una postura opuesta y sentirse todo el día lleno de toxicidad y de manera exhaustiva intentar retirarla. Por eso, es sano pensar que la ausencia absoluta de tóxicos en nuestro ser es imposible y, en realidad, innecesaria, así que una postura razonada y consecuente con la realidad resulta ser la más acertada.

En este sentido, las siguientes estrategias terapéuticas, adaptadas a la realidad en que vivimos, cobran validez absoluta para el proceso de desintoxicación integral: prevención (evitar), promoción (favorecer los hábitos saludables), curación (erradicar la enfermedad), paliación (atenuar el sufrimiento de la enfermedad o el tratamiento cuando no hay curación posible) y sanación (organizar la energía).

Además de alejarnos de lo que nos intoxica, la mayoría de las veces resulta más efectivo dejar que el organismo actúe por sí mismo y con solo favorecerlo será suficiente. En otras ocasiones, una acción más profunda y decidida suele ser necesaria por medio de ayudas externas.

De todas maneras, no importa si los tóxicos que tenemos son el resultado de nuestro estilo de vida, ya sea por una dieta, consumos externos, sedentarismo, tensiones emocionales y demás, si proviene de terapias recibidas, o incluso por intoxicaciones físicas o químicas. En todos los casos, se puede lograr un beneficio real por diferentes caminos.

Por ello, para facilitar la lectura y aplicación de las recomendaciones, he dividido el libro en tres partes. La primera busca conocer qué intoxica, a quién y qué produce. La segunda, cómo se defiende naturalmente el organismo de los tóxicos de todo tipo y cómo podemos ayudarle. Ya en la tercera parte, se muestran las diferentes terapias que favorecen la desintoxicación de maneras diversas. Adicionalmente, hay un anexo sobre recetas y curas simples para lograr limpiezas del organismo, rápidas y confiables.

Hasta donde me ha sido posible, he intentado obviar la terminología médica y todas las complejas explicaciones de lo que ocurre en nuestro organismo, evitando "intoxicar" al lector común. Sin embargo, en la gran mayoría, existe un sustento científico que respalda lo expuesto. En algunos casos donde solo exponga mi percepción personal en la hipótesis descrita, lo aclararé explícitamente.

Así, encontrarás un apoyo sencillo para ti mismo o para quienes te rodean, con el fin de lograr tener mayor bienestar mental, emocional y físico, mediante el seguimiento de la desintoxicación. Esto se traducirá en mejor salud, sin que para lograrlo tengas que hacer tratamientos extremos y complejos.

A pesar de sugerir algunos procesos intensos de corta duración, los verdaderos resultados se lograrán con mecanismos que se implementan de una manera suave y gradual, hasta volverse cotidianos, pues creo más en la constancia que en las soluciones extremas o inmediatas para alcanzar el fin deseado.

Así, podrás retirar lo que no te pertenece ni te hace bien, como los tóxicos, y con esa mayor libertad, disfrutar el presente y proyectar un mejor futuro. La vida así es más valiosa y placentera. ¡Te invito a lograrlo!

PARTE I

Toxicidad

Capítulo 1
El cuerpo humano

El cuerpo humano no es más que apariencia,
y esconde nuestra realidad. La realidad es el alma.
VÍCTOR HUGO

El cuerpo humano es una máquina maravillosa que nos permite conservar y expresar la vida en la Tierra. Está compuesto de alrededor de cien billones (100.000.000.000.000) de células que, en su mayoría (más del 90%), están formadas de carbono, hidrógeno, oxígeno y nitrógeno; que se unen para formar tejidos, y estos se organizan para estructurarse como órganos, que, a su vez, conforman sistemas, también llamados aparatos, tales como el reproductor, el endocrino, el nervioso, el excretor, el digestivo, el circulatorio, el respiratorio y el locomotor. Todos bajo el manto armónico de la piel, creando una estructura estable y armónica que ninguna tecnología moderna aun ha podido asemejar en tal grado de perfección.

Por ejemplo, el sistema locomotor nos permite sostenernos mediante un esqueleto de estructura ósea, conformado por 206 huesos que, con cerca de 650 músculos individuales fijados a este, dan el impulso necesario para realizar movimientos.

Su estructura básica, la célula, de tipo eucariota, como la de las plantas y los animales, posee una membrana celular cuya estructura está formada por grasas (lípidos) básicamente, que la aíslan del medio donde se encuentra, y de proteínas de la cuales dependen las funciones de selectividad de entrada y salida de cualquier tipo de sustancias. En el interior, encontramos el citoplasma, que es una emulsión muy fina de tipo granuloso llamado citosol, y gran cantidad de estructuras que se conocen como organelos (ribosomas, vacuolas, mitocondrias...), donde se sintetizan las proteínas esenciales para la vida y se realiza el metabolismo, además de generar la energía suficiente para todos los procesos corporales, entre otros más. En su interior, también está el núcleo, que es el centro de control de la célula. Allí se conserva, replica y expresa la información genética de la célula, que es el más grande tesoro a conservar. Las proteínas son esencialmente enzimas, las cuales son facilitadoras del complejo metabolismo celular y, por ende, corporal. Estas lo hacen más viable y con mucho menor gasto de energía. Yo las imagino como una gran grúa que lleva grandes rocas, de un lado a otro para una megaconstrucción, alivianando así el esfuerzo para su desplazamiento. En el proceso de desintoxicación corporal, las enzimas son esenciales y, generalmente, son la primera línea de defensa, como veremos en otro capítulo.

EL CUERPO DE ENERGÍA

En el interior y siendo parte de esta estructura corpórea tangible, aunque de mayor tamaño, ya que sobresale por varios centímetros, existe una estructura sutil, no tan fácilmente perceptible a los sentidos humanos no entrenados, y que la tecnología moderna cada vez comprueba y valora con más convicción. Me refiero al campo de energía sutil que cada ser vivo tiene y que en el caso de los humanos es más complejo que el de los otros reinos de la naturaleza.

Es bueno recordar que solo vemos una muy pequeña parte del denominado espectro electromagnético, que va desde el rojo (8000 *angstrom*) hasta el violeta (4000 *angstrom*). Por debajo, desde el infrarrojo hasta los rayos gamma, y desde el ultravioleta hasta ciertas ondas de radio; no podemos percibir directamente las ondas electromagnéticas, pero sí sus efectos de diversas maneras.

Incluso dentro del espectro visible ocurre lo mismo que con las bacterias, las cuales no se pueden ver con el simple ojo humano. Lo mismo pasa con las moléculas y sus componentes (los átomos). Sin embargo, nadie pone en duda su existencia, pues se conocen sus acciones y se evidencian sus efectos de manera directa.

Desde la Antigüedad, muchos seres humanos validan plenamente la presencia de los campos sutiles de los seres vivos. Algunos han podido desarrollar la manera de percibirlos y, aunque otros no, todos han podido evidenciar los efectos directos de estos campos en todas las formas de vida.

Soy de los que valido su existencia de manera plena y que, día a día, evidencio su importancia en la salud humana, sin que esto limite el valor que tiene para mí la medicina moderna en el diagnóstico y tratamiento de los padecimientos humanos. Asimismo, observo cómo actúan una gran cantidad de terapias sutiles no farmacológicas (esencias de flores, homeopatía, terapias con poliedros, imposición de manos y demás) directamente a este nivel, con efectos además en el cuerpo físico, en el área mental y en la emocional. Sin embargo, cuando enseño al respecto a una muy diversa clase de alumnos, varios de ellos no validan la existencia de la contraparte sutil, aunque pueden ver los beneficios de dichas terapias, cuya acción directa está en el nivel de la energía. Esto lo digo con la intención de no desanimar al lector que accede a esta obra con algo de escepticismo; más bien, prefiero motivarlo a que avance y llegue a las conclusiones por sus propias experiencias, sin desechar lo que podría serle eficaz por desconocimiento o temor.

CUERPOS SUTILES

Platón decía: "El cuerpo humano es el carruaje; el yo, el hombre que lo conduce; el pensamiento son las riendas, y los sentimientos,

los caballos", diferenciando así cuatro partes en el ser. El nivel físico
del cuerpo, el del ser o su verdadera conciencia, el de la mente y el de
las emociones. Este yo, bien podríamos asimilarlo al alma; en nuestro lenguaje occidental, es lo que persiste luego de la muerte.

Esta es la forma como nosotros acostumbramos a agrupar la
totalidad del ser humano, en cuatro planos o niveles que se expresan
mediante el cuerpo físico tangible y objetivo, pues es donde todos
convergen.

El físico, que describimos previamente con todos sus órganos y
sistemas, tiene una contraparte sutil e intangible, denominada cuerpo etérico, que aunque no es un cuerpo como tal, generalmente se le
llama de esa manera para compararlo. Así, el primer nivel es el del
cuerpo físico-etérico, que tiene una parte densa y evidente donde
están los tres estados (sólido, líquido y gaseoso); y una contraparte
sutil o etérica, que tiene cuatro niveles que describiremos posteriormente.

La segunda parte es la emocional, que también se llama astral,
que es como una nebulosa donde se encuentran las emociones humanas que luego se manifiestan en el cuerpo. La tercera es la mental,
que en el hombre moderno está muy entrelazada con la anterior.
Estos tres niveles o planos de conciencia constituyen la personalidad
del ser humano, y con un habitante esencial, que generalmente no se
expresa, que sería el alma.

LA RED ETÉRICA

Es bueno recordar que la ciencia valida que la materia o masa
y la energía son intercambiables entre sí. Se considera a la materia
como una forma de energía, donde la materia es la sustancia y la
energía, el móvil de esta. Si logramos penetrar la materia más densa
que podamos encontrar, esta tendrá inmensas distancias entre las
mínimas subpartículas que la conforman; como quien dice, solo espacio, y algunas muy pequeñas formas. Sin embargo, para los sentidos humanos, se percibe al contrario.

Como ya lo he mencionado, la contraparte sutil del cuerpo se denomina cuerpo etérico, aunque prefiero el término red. Este concepto, gracias al desarrollo de Internet, es más fácil de asimilar. El cuerpo etérico sería entonces una gran red, sutil en su esencia, que interactúa de manera permanente con el entorno, de naturaleza selectiva y con permanente flujo de información en ambas direcciones. Esta red, conformada por hilos de materia sutil, de alta frecuencia vibratoria, sustenta, alimenta, organiza, penetra, protege, vitaliza y unifica al cuerpo físico. Sin esta red, el cuerpo físico se desintegraría hasta llegar a sus estructuras básicas (átomos y moléculas), al perder su aspecto cohesivo, como ocurre con la muerte. Para cohesionarlo, toma la forma exacta del cuerpo físico, aunque un poco más grande de tamaño y, por eso, algunos lo denominan el doble etérico.

El cuerpo etérico alimenta al físico a través de vibraciones sutiles tales como la luz, además de información codificada de otros planos de conciencia, al tiempo que le permite eliminar lo que lo sobrecarga. Lo organiza de tal manera que lleva a cada parte del cuerpo a seguir su actividad y función específica en equilibrio con todos los demás sistemas. El cuerpo físico es en sí mismo inerte, está muy bien equipado, pero lo que le permite funcionar de manera adecuada es esta red. Algo así como cualquier máquina creada por el hombre que no puede funcionar sin algún tipo de carga eléctrica. También lo penetra íntegramente, pues al ser más sutil, está intrínsecamente en él y no es detenido por su estructura. La mayoría de personas que oyen del tema suponen que la red bordea al cuerpo físico como un molde o un traje, pero realmente lo ocupa desde el interior al tiempo que lo rodea, y así puede cumplir su función.

Una de las acciones más importantes tiene que ver con la protección, al tener una barrera completa que se conoce con el nombre de círculo infranqueable que, a manera de una membrana selectiva, como la membrana celular, protege la entrada de ciertos tóxicos. Así, libera al cuerpo físico de las permanentes agresiones sutiles, como las radiaciones. Esta función, junto con la de nutrición, son las que más nos interesan en este libro, pues evitan la toxicidad y favorecen la desintoxicación.

Además, el cuerpo etérico vitaliza al físico, lo llena de energía, mediante la energía del planeta, que es la misma del Sol transformada y adaptada por la Tierra de muchas maneras; una de las más destacadas es la respiración consciente.

Sin la red etérica, el cuerpo físico no funcionaría como una unidad, ya que es esta la que hace posible la interacción de todos los niveles de manera ordenada. Esto es esencial en el cuerpo humano y es una característica de todas las formas de vida del planeta Tierra.

Por supuesto, todas las funciones del cuerpo etérico tienen su contraparte física que reproduce su accionar en el plano correspondiente, lo que hace que tengamos frente a nosotros está mágica realidad que llamamos cuerpo humano.

CHAKRAS

Como ya hemos mencionado, el cuerpo humano está constituido por la contraparte física y la red etérica. Ambas forman una unidad inseparable durante la vida humana y reciben la acción permanente de los niveles de conciencia emocional y mental. En la red etérica, los flujos permanentes de energía e información se encuentran generando lugares donde estos son mayores y concuerdan con un punto especial del cuerpo físico, donde ese flujo, por su abundancia, toma la forma de vórtice e ingresa al plano físico sin limitaciones. Esto se ha denominado *chakra*, que traducido del sánscrito significa rueda de energía. Cada uno de estos lugares se relaciona por medio de una vía especializada de la red etérica con una glándula endocrina del cuerpo. El chakra se convierte en una compuerta que permite llevar información de otros planos de conciencia al cuerpo físico mediante la red etérica. El primero de esos planos es el emocional o astral, luego el mental y otros planos de la conciencia sobre los que no ahondaré en esta parte de la obra.

Los chakras que se relacionan con una glándula endocrina importante, como la tiroides, por ejemplo, y que se localizan en la línea media, se llaman mayores, son siete en total, numerados desde el primero, que se relaciona con las glándulas suprarrenales, hasta el séptimo con la epífisis. Hay otros veintiún chakras menores que funcionan en conjunto con los primeros siete. Algunos autores afirman que existen otros aún de menor tamaño, cuarenta y nueve en total, que se conocen como pequeños, y que se localizan sobre partes del cuerpo humano que la medicina tradicional china ha asociado con puntos de acupuntura de gran importancia.

El nivel emocional

El siguiente nivel de energía sutil que tiene el ser humano es el emocional o astral. Este se estructura conformando conglomerados de múltiples paquetes de información que bien pueden asemejarse a unas nubes, a veces tan delgadas, que no limitan el brillo del sol cuando la persona está serena, o a veces tan densas, que solo presagian tormentas emocionales cuando está descontrolada.

El ser humano tiene su propia energía emocional que es transportada, como el agua que fluye por un canal, mediante los hilos de energía de la red etérica, llegando al cuerpo por medio de los chakras. Este flujo puede ser de manera suave y organizada o caótica, con resultados diferentes según el caso.

Si bien la red etérica de cada individuo tiene contacto permanente con el exterior, esta se encuentra en gran medida "protegida" de las redes externas por su propia estructura en forma de malla. Sin embargo, el campo emocional es muy susceptible de contaminarse de las emociones de las personas del lugar donde se encuentra, sean de naturaleza favorable o no. Todos sabemos que el miedo se difunde en un grupo con facilidad, al igual que la felicidad en una celebración. Es importante tener esto en cuenta para equilibrar las emociones.

Nuestro propio nivel de energía emocional en el vientre materno está altamente influenciado por el de la madre y, en los primeros años, por los de los padres y tutores y, en ocasiones, por el nivel de encrgía de hermanos de tipo dominante. En la adolescencia, está influenciado por el de nuestro grupo de pares y, posteriormente, por la pareja, aunque siempre en importante medida por el grupo social que nos rodea. Lo importante es que, con el paso del tiempo, la persona logra conocer mejor sus emociones y puede controlarlas y encausarlas de manera favorable, evitando además que se contaminen y confundan con las del entorno.

Las emociones representan la energía motivadora de la vida y son necesarias como combustible para avanzar en nuestro propio camino; de ahí su importancia en el uso que les demos en la vida.

Nivel mental

En la unidad o cuerpo físico-etérico, hay siete divisiones que tienen diferentes vibraciones: las tres más densas son los estados sólido, líquido y gaseoso; de las otras cuatro, denominadas *bioplasmas* por algunos, la más densa es la estructura básica del doble etérico y las otras tres están compuestas de vibración, luz y sonido. El nivel emocional también tiene siete subniveles, desde las emociones primarias en el primer nivel, tales como enojo, tristeza, miedo, disgusto, etc., hasta llegar al nivel de las emociones favorables, como regocijo, paz, amor, aunque estos tres estados también están en los subniveles mentales superiores.

Entonces, en el nivel mental, también hay siete subniveles, desde el más denso, donde están las aflicciones mentales primarias, hasta el nivel superior, donde está el asiento de la mente abstracta, la que trasciende los límites del ser humano individual y es capaz de verse y sentirse como parte de la humanidad, y que pertenece a un plan y a un propósito mayores. En este nivel, se tiene conciencia real del Creador, aunque no se siga un camino religioso.

El nivel mental es individual, aunque se nutre también del entorno, sobre todo del cultural y social, y en los primeros años del familiar. Este nivel tiene su apogeo en la madurez de la vida y hasta la vejez, si tiene un cerebro que le permita expresarlo.

Desde mi percepción, el cerebro es el órgano que expresa la mente y reproduce las emociones mediante unas secreciones llamadas *neurotransmisores*; sin embargo, no las produce. Es lo mismo que la televisión que vemos a diario, donde vemos las imágenes y acciones en ella, pero estas se producen y emiten desde otro lugar.

LA PERSONALIDAD INTEGRADA

El ser humano es muy complejo; en él coexisten de manera simultánea estos niveles de conciencia diferente, que se expresan coordinadamente o de manera independiente, según sea el caso. Sin embargo, cada acción de cualquiera de los niveles influye de manera directa en el otro. Si tenemos un dolor físico, este producirá un estado emocional y mental complementario, así como las alteraciones mentales y emocionales pueden resultar en efectos físicos luego de un periodo de tiempo y si se repiten con frecuencia, el periodo será más corto. O sea que si una emoción genera alteraciones en el cuerpo pasadas semanas, luego de sucesivas ocasiones llegará el momento en que los síntomas del área emocional sean seguidos de inmediato por la alteración del cuerpo físico.

Toda la personalidad integrada tiene como resultado personas coherentes que piensan, sienten y actúan de la misma manera, hecho que no es fácil de encontrar. Sin embargo, si la mente y la emoción van por caminos diferentes y la contraparte etérica del cuerpo físico no permite el libre fluir de la energía, el caos será la consecuencia.

La búsqueda consciente del ser humano necesita transitar el camino de conocerse primero para saber quién es y poder continuar el proceso con la conciencia clara.

Esa conciencia o capacidad de percibir y reconocerse en el plano donde se vive tiene diferentes niveles en el ser. La primera conciencia es la que el sistema nervioso central tiene del cuerpo físico, liderada desde el cerebro, y ayudada por cinco guardianes que perciben el mundo exterior, los cinco sentidos. Este primer nivel de conciencia, al ser parte del plano físico-etérico, tiene componentes orgánicos celulares del sistema nervioso físico, así como sutiles hilos de luz de la red etérica que se conocen con el nombre de *nadis*.

La segunda conciencia está localizada en el nivel emocional, aunque tiene contacto con los subniveles inferiores del plano mental; es donde permanece la mayor parte del tiempo el ser humano en vigilia. La tercera conciencia está localizada en los subniveles medios del plano mental, y guarda toda la experiencia vivida por el ser humano en su vida. Esta tercera conciencia es similar a lo que algunos han denominado el inconsciente. Más adelante, me referiré a estas tres de manera más extensa.

Luego viene la cuarta conciencia, que es el alma individual, que tiene su asiento en los subniveles superiores del plano mental. Esta es la verdadera conciencia de cada ser. Esta es evidente en cada acto para aquellos pocos seres que han logrado acceder a ella mediante la meditación, la oración y el comportamiento respetuoso de sí mismos y los demás seres en la vida cotidiana. Sin embargo, en muchos se mantiene distante y oculta al ser opacada por un sinnúmero de emociones separatistas y egoístas, como una gran muralla generada por las otras tres conciencias. Existe además una quinta conciencia, que es el espíritu, y otras de carácter planetario y cósmico.

Capítulo 2

Los tóxicos

Nada es veneno, todo es veneno:
la diferencia está en la dosis.
PARACELSO

A lo largo de este capítulo, presentaré las definiciones y diferenciaciones básicas de los tóxicos que afectan al ser humano, sin describir sus efectos en la salud; lo cual haré en el siguiente capítulo. Algunas definiciones pueden ser un tanto técnicas para un lector común, pero no está de más un poco de conocimiento sobre el tema.

Describiré los tóxicos que afectan el plano físico según los lineamientos de la comunidad científica internacional y ampliaré estas definiciones en los casos en los que el tóxico se origina en la emoción y en la energía.

LOS TÓXICOS

La palabra tóxico viene del latín *toxicum*, y es un adjetivo que indica "perteneciente o relativo a un veneno o toxina". Se puede definir como cualquier sustancia que, administrada a un organis-

mo vivo, tiene efectos nocivos. Esta puede causar desde un daño
mínimo, hasta la muerte. La ciencia que la estudia se conoce como
toxicología.

Se utiliza la palabra toxicidad para referirse a la capacidad propia de cualquier sustancia para producir daño en distintas proporciones. Para medir el grado de toxicidad de una sustancia, se utilizan
las fórmulas de concentración letal media (CL 50) y dosis letal media (DL 50), expresadas en miligramos de la sustancia por kilo de
peso del ser que la recibe que, en el caso de los experimentos, pueden
ser animales como los cobayos. La CL 50 es para exposiciones respiratorias (gases o vapores) y se espera que muera el 50% de un lote
de animales de experimentación, demostrado de manera estadística.
La DL 50 se usa si el tóxico es administrado por vía oral o cutánea,
con el mismo resultado nefasto.

Cuando una persona tiene contacto con el tóxico por cualquier
vía, se llama *exposición*, esto en función de la cantidad y el tiempo.
Cuando solo hay probabilidad de contacto, se denomina *riesgo*. Hoy
en día, vivimos en riesgo permanente de infinidad de tóxicos por el
solo hecho de vivir en una ciudad; estamos expuestos a tóxicos del
aire, de los alimentos, radiaciones diversas, además de los que pro-
ducimos en nuestro interior. Adicionalmente, como no se ven efectos
inmediatos de muchos de ellos, hemos ido perdiendo el respeto e
inclusive el sano miedo a los tóxicos comunes con los cuales nos re-
lacionamos con frecuencia, como el *thinner* o diluyente, la gasolina,
los insecticidas, el alcohol, el monóxido de carbono, las radiaciones,
entre otros, convirtiendo el riesgo en una exposición permanente.

Tipos de tóxicos

Se pueden distinguir dos tipos fundamentales de tóxicos: los
exógenos, que vienen del exterior; y, los endógenos, que los produce
el propio organismo.

Los exógenos, por su naturaleza, pueden ser físicos, químicos o
biológicos. Los físicos son las radiaciones y el ruido, a los que me

referiré más detalladamente un poco más adelante. Los químicos de todo tipo de industria, que se reciben por cualquier vía al organismo; y los biológicos son los que tienen vida propia, como los virus, bacterias, hongos y parásitos, entre otros.

También se puede tener en cuenta su origen, sea animal, vegetal, mineral o sintético. Los de origen animal, como los venenos de serpiente, por ejemplo; los vegetales, como los de los hongos alucinógenos; los minerales, como los metales pesados; y, los sintéticos, muchos de los cuales recibimos a diario en la alimentación.

Algunos los clasifican según el estado físico de la materia en que se encuentren (sólido, líquido y gaseoso), aunque también hay que considerar los de la radiación. Los sólidos se encuentran a veces muy fraccionados, y esto dificulta el control del consumo por cualquier vía, bien sea la oral, respiratoria o por la piel. Los líquidos, que generalmente abundan en la industria, se absorben rápidamente. Las botellas son rotuladas, por lo general, con la clásica marca de la calavera que advierte el peligro. Los gaseosos son difíciles de controlar, salvo que tengan olor, como ocurre con el gas para los hogares.

En el caso de los endógenos, pueden ser el resultado de sustancias propias del organismo que resultan tóxicas en exceso, como la bilirrubina, el ácido úrico, el calcio, entre muchas más, causando alteraciones de todo tipo.

Hay otras clasificaciones más complejas, que pueden ir desde su mecanismo de acción, o su efecto sensorial, hasta el efecto biológico que causen. Por el momento, pasaremos al tema de las radiaciones, antes de abordar los otros tóxicos comunes a los que estamos expuestos, como los que traen los alimentos o los de nuestra mente y emoción.

LAS RADIACIONES

La radiación es cualquier energía que se propaga en forma de onda a través del espacio. Se divide en no ionizante, que va desde la luz visible hasta las ondas de radio y televisión; e ionizante, que va

desde la luz ultravioleta hasta los rayos X. Esta última comprende
las partículas y rayos emitidos por material radiactivo, equipos de
alto voltaje, reacciones nucleares y de estrellas, tales como el Sol.
Dichas partículas y rayos poseen suficiente energía para desplazar
electrones de átomos y moléculas como el agua, las proteínas y el
ADN, romper enlaces químicos, en general, todo lo que se llama ionización; de ahí su nombre. Las radiaciones alfa pueden ser frenadas
por la piel, las beta alcanzan a penetrar hasta 2 cm en los organismos
vivos y las gamma se adentran profundamente en los tejidos, aunque
liberan menos energía que las dos primeras. Y al final del espectro,
están los rayos X, utilizados con éxito desde hace más de cien años
en diagnósticos médicos.

Este tipo de radiaciones pueden provenir de manera natural, ya
sea de la inestabilidad propia de algunos átomos en la naturaleza,
como el uranio, o de rayos cósmicos que reciben con frecuencia pilotos o pasajeros habituales de aviones. Igualmente, algunos alimentos
las contienen, sobre todo los crustáceos y algunos moluscos marinos.
Aunque la fuente más común es la originada por exámenes médicos, como son las radiografías. Sin embargo, actualmente existe una
exposición creciente de gas radón en los hogares. Este se encuentra
de forma natural en la Tierra y es procedente de la descomposición
del uranio y el torio. Se acumula en sótanos, sitios cerrados y con
alta humedad, y permanece cuatro días en ese estado antes de trans-
formarse en otros productos. De la misma forma, las explosiones o
filtraciones accidentales o por el uso bélico de las plantas nucleares
llevan a una alta exposición de radiación ionizante. El problema de
todas estas radiaciones es que no se pueden detectar salvo con instrumentos de medida específicos, mejor dicho, solo las encontramos
si las estamos buscando, lo que produce una constante exposición
por largos periodos sin defensa alguna.

La radiación ultravioleta, entre el final de la radiación no ionizante y el inicio de la ionizante, es conocida como parte del espectro electromagnético con un bajo poder ionizante por tener poca

energía. Se distinguen tres diferentes radiaciones ultravioleta: UVA, UVB y UVC. Provienen naturalmente del Sol, o artificialmente de la industria que las emplea para la esterilización. La UVC es bloqueada por la capa de ozono del planeta, por lo que solo las otras dos llegan a la superficie terrestre.

Las radiaciones no ionizantes no son capaces de producir iones al interactuar con algún material, y además son de más alta frecuencia que las ionizantes. Podemos encontrar las de los campos electromagnéticos, como las generadas por líneas de corrientes eléctricas, y las de radiofrecuencia, como las de las emisoras de radio y los teléfonos móviles, además de las microondas de alto poder de calentamiento al agitar las moléculas que atraviesan, empleadas en los electrodomésticos y en las telecomunicaciones. El otro grupo son las radiaciones ópticas donde están los láseres, los infrarrojos, la luz visible y los rayos ultravioleta.

Otra forma de clasificar las radiaciones es de acuerdo con su origen, que puede ser natural o artificial. Entre las naturales están las provenientes del cosmos, siendo las de primer orden las solares, que se incrementan durante las tormentas solares, además de las de otras estrellas. Las de la Luna son mucho más débiles, pero al estar tan cerca de la Tierra, tienen una influencia directa sobre nosotros. Encontramos también todas las que se producen en la Tierra, que son influenciadas por todos los materiales que componen el suelo terrestre: las fallas geológicas, las corrientes de agua subterránea, la fuerza telúrica y la gravedad. Las de origen artificial son generadas por el desarrollo tecnológico humano, desde una pequeña batería hasta una destructiva bomba atómica. Estas conviven con nosotros y además de ser gran fuente de bienestar por el desarrollo tecnológico, pueden llevar a producir toxicidad a todo nivel.

LA CONTAMINACIÓN SONORA

Es tan común que casi llegamos a ignorar su presencia. Este exceso de sonidos en cualquier ambiente altera las condiciones del funcionamiento normal de los seres vivos. Es también invisible, inodora y no se acumula, por lo que no se le da la suficiente importancia a su control.

No controlamos, por ejemplo, el ruido del tráfico de la ciudad, las industrias, el televisor y el de los aparatos modernos, como el teléfono móvil y el iPod, porque se han vuelto parte de la vida diaria actual. Es necesario ir a la naturaleza o a un lugar insonorizado de la ciudad para descubrir el bienestar que se logra al no experimentar semejante ruido.

Tóxicos en los alimentos

La alimentación moderna dista mucho de ser la ideal, y se contamina en todos los pasos, desde la siembra hasta el consumo, por todo tipo de sustancias de las cuales no siempre sabemos bien sus efectos a corto, mediano o largo plazo en nosotros. Si bien es cierto que ahora accedemos al alimento de una manera más fácil en todas las tiendas y supermercados, o en restaurantes de todo tipo en cualquier lugar, eso no quiere decir que la calidad sea la mejor.

En casi todo el planeta se esparcen sustancias químicas potentes con efectos insospechados para proteger las cosechas. Por ejemplo, los plaguicidas dispersos en la atmósfera impregnan los alimentos, e incluso alcanzan las reservas de agua subterráneas. Con el consumo de una dieta normal, el cuerpo humano llega a absorber hasta veinte plaguicidas diferentes al día.

La lista de plaguicidas en una fruta puede contener nombres desconocidos para el lector, pero no para su organismo que tiene que lidiar con ellos todos los días. Algunos como carbaril, endosulfán, ortofenilfenol, captan, paratión, metoxicloro, están a la orden del día. Por ejemplo, en una simple fresa, encontramos bromuro de metilo, entre otros. Y aunque no consumamos un alimento que se haya fumigado con estos químicos, de manera indirecta lo hacemos al tomar leche, por los plaguicidas que estos animales acumularon en su grasa corporal a través de su dieta. Asimismo los animales pueden proveernos de restos de antibióticos y hasta de hormonas que recibieron durante su crianza y que no lograron terminar de metabolizar. De todas maneras, los plaguicidas no solo llegan a nuestro cuerpo mediante la ingesta de comida, sino también por medio de los insecticidas usados en los hogares, en aviones, locales comerciales, jardines públicos y, en algunos países, en autobuses y trenes.

Además de plaguicidas, la mayoría de la industria alimenticia emplea aditivos, sustancias naturales o artificiales que se añaden a los alimentos en su proceso industrial. Buscan que el alimento mejore en su textura y color con el objetivo de favorecer su apariencia y su durabilidad. No todos son dañinos, muchos son inocuos, generalmente superfluos; sin embargo, algunos tienen evidencia tóxica y otros producen serias dudas sobre su inocuidad. Se dice, en un informe de la Universidad de Iowa, que un estadounidense promedio consume cerca de cincuenta y dos kilos de aditivos al año. Los hay de varios tipos: colorantes (E102, tartacina; E127, eritrosina; E161, xantofilas, etc.), conservantes (E210, ácido benzoico; E211, benzoato sódico; E212, benzoato potásico, etc.), antioxidantes (E310, galato de propilo; E311, galato de octilo; E321, butilhidroxitolueno, etc.), espesantes (E412, harina de semillas de guar, etc.), emulgentes (E432, monolaurato de sorbitán polioxietilenado, etc.), reguladores de acidez (E339, ortofosfatos de sodio, etc.), aromatizantes y potenciadores del sabor (E510, cloruro de amonio; E621, glutamato monosódico, etc.), edulcorantes y sustitutos del azúcar (E950, aspartamo), entre otros muchos más.

Cada día hay más claridad sobre las xenohormonas, sustancias sintéticas que no se encuentran en la naturaleza, se consideran tóxicas y la mayoría de ellas tienen efecto similar a las hormonas, generalmente estrogénico, tanto en los hombres como en las mujeres. Esto quiere decir que aumentan el estrógeno, que es la principal hormona femenina. La fuente de estas xenohormonas suele ser la carne de animales alimentados con hormonas estrogénicas, buscando acelerar el engorde (pollo, carne vacuna). También vegetales y frutas que han sido rociados con pesticidas derivados de compuestos petroquímicos. Al mismo tiempo, solventes, adhesivos, herbicidas, fungicidas, gases de escape de los autos, emulsificadores en jabones y cosméticos, casi todos los plásticos (que liberan xenoestrógenos cuando se calientan) y desperdicios industriales como policlorobifenilos (PCB) y dioxinas.

En los alimentos, puede haber tóxicos naturales inherentes al alimento, como las toxinas de hongos (micotoxinas) de algunos cereales, los taninos de las habas, los glucósidos cianogenados de ciertas leguminosas que producen flatulencia, o las del café (cafeína), té (teobromina), vino, cerveza o demás bebidas con alcohol. Es bueno recordar que la toxicidad de estos productos es proporcional a la cantidad de su ingesta. Pero también poseen tóxicos intencionales, como los aditivos o accidentales, los plaguicidas, herbicidas, metales pesados, e incluso pueden generarse reacciones durante el almacenamiento o la cocción, alterando así las condiciones del alimento.

METALES PESADOS

Tienen la característica de permanecer en el ambiente por cientos de años porque no se degradan, afectando de manera directa la vegetación, las corrientes de agua y los animales. Además, compiten con los minerales normales del organismo (zinc, selenio, hierro, etc.), alterando su funcionamiento en el metabolismo.

Los más comunes son el aluminio, presente en utensilios de comida, medicamentos contra la acidez estomacal y aditivos de alimentos. El arsénico, que se recibe por plaguicidas y herbicidas, incineradores de basura, combustión del carbón, fundiciones de cobre y plomo, etc. El mercurio, presente en las amalgamas dentales, en desinfectantes (mercurocromo), algunos medicamentos antiparasitarios, cosméticos, plaguicidas, aire contaminado en las ciudades y los pescados que lo acumulan en su tejido graso, en especial los de larga vida, como el atún y el pez espada, así como el salmón. El plomo, en ciertas pinturas, como aditivo a ciertas gasolinas, algunos envases, insecticidas, tuberías, alimentos contaminados del medio ambiente, sobre todo si son vísceras, carne y gelatina. El cadmio se recibe del aire contaminado de las ciudades, cigarrillos, harinas refinadas, arroz blanco, crustáceos y moluscos marinos.

Las pilas de relojes de pulsera y de algunos audífonos tienen también alto contenido de metales pesados, en especial de mercurio; cuando se degradan, emiten vapores tóxicos, y cuando se dejan en los vertederos de basura, sus filtraciones llegan a aguas subterráneas. Las baterías de celulares y de teléfonos inalámbricos (de níquel cadmio recargables) al incinerarse —por el cadmio— producen vapores tóxicos y cancerígenos. Las pilas de uso doméstico de carbón zinc, así como las alcalinas de manganeso son de baja toxicidad. Todas las anteriores deben tener un manejo especializado en el momento de la recolección de basuras para evitar su toxicidad ambiental y humana.

Por otro lado, para evitar que se infecten algunos peces de cultivo, se les dan antibióticos, que en algunos casos llegan al ser humano cuando consume dicho alimento. Sin embargo, en general, todo pez de mar tiene un alto contenido de mercurio.

En resumen, todos los metales pesados, como el mercurio, el plomo, el cadmio y el arsénico, pueden encontrarse en peces de mar con aguas contaminadas, así como en vegetales y frutas cultivadas con el uso de insecticidas, plaguicidas y fertilizantes. Como puede verse, la toxicidad es algo que no podemos evitar tan fácilmente.

OTROS TÓXICOS

Consumimos sodio en exceso por la sal que contienen los alimentos de paquete, de sobre o enlatados. El flúor por el té, los dentífricos y la fluorización del agua. El cobre por los cigarrillos, las tuberías y los plaguicidas. El fósforo en bebidas carbonatadas y aditivos, entre otros; y el azúcar refinada cargada de dióxido de azufre (sulfitos), por ejemplo, en todos los productos de repostería.

Además, en el hogar, en ciertas oficinas y centros de salud, usamos desinfectantes, detergentes, disolventes, aromatizantes, entre otras sustancias más.

Intentamos acabar con todos los gérmenes de los alimentos con la idea de beneficiarnos, pero resultamos evitando muchas de las bacterias sanas que necesitamos dentro del propio proceso de transformación del alimento y que son útiles para la flora bacteriana normal del organismo.

Ahora, del mismo modo, aparecen los llamados alimentos transgénicos, de los que aún están sin determinar sus verdaderos efectos en la salud humana.

Por supuesto, dentro de los tóxicos más comunes en la vida cotidiana está el cigarrillo que, junto con la nicotina, puede llegar a tener hasta cuatro mil sustancias más que llegan al organismo por vía aérea al inhalarlas, entre las que se destacan el monóxido de carbono y el alquitrán.

Por otro lado, están las dioxinas, que no por desconocidas dejan de ser comunes. Estas son compuestos químicos obtenidos a partir de procesos de combustión que implican al cloro. Son muy estables, solubles en grasas y se acumulan en suelos y tejidos orgánicos.

Son sumamente tóxicas y persistentes en el medio ambiente, se acumulan en forma exponencial a medida que ascienden en la cadena alimentaria y pueden transportarse a grandes distancias. Las principales fuentes emisoras de dioxina son la incineración de desechos, el humo de cigarrillo, las emisiones de los vehículos automotores, los hornos de cocina que funcionan con aceite, el reacondicionamiento de cables eléctricos desechados y la quema de llantas.

La exposición a pequeñas cantidades de dioxinas por medio de los alimentos que se consumen es común, sobre todo por los productos y grasas de origen animal y el pescado. Los lactantes podrían estar expuestos a las dioxinas por medio de la leche materna, la de vaca y la artificial; y el feto, por medio de la placenta de la madre.

Existen otros tóxicos iguales de importantes que se llaman los PCB, que son compuestos organoclorados que se emplean en la industria como intercambiadores de calor y fluidos eléctricos. Son altamente tóxicos, por lo que su fabricación está prohibida desde 1977 en Estados Unidos y desde 1983 en Alemania. Sin embargo, su efecto contaminante sigue llegando al medio ambiente, al mar y a toda la cadena alimenticia donde el hombre es su último receptor por medio de la ingesta de alimentos que los contienen. Se han encontrado PCB en diferentes productos como la leche y sus derivados, grasa (humana y animal) y en órganos como el hígado y el cerebro.

La toxicidad mental y emocional

La emoción se define como un estado mental cargado de sentimientos. Hay emociones sanas que nos hacen disfrutar la vida; y tóxicas como las que dan el título al libro de Daniel Goleman: *Emociones destructivas*. Estas son las que dañan a los demás o a uno mismo, llegando a alterarnos en diferentes niveles. En este libro, que es un diálogo entre numerosos científicos y el Dalai Lama, se expone muy bien un paralelismo entre Oriente y Occidente a la hora de abordar el tema de la mente y la emoción y sus implicaciones en la salud, y en las relaciones interpersonales de cara a la sociedad y al planeta. Esta obra me ha permitido organizar mucho mejor el conocimiento de lo que he visto durante años en la consulta sobre la toxicidad directa que generan las emociones y los estados mentales y de ánimo en mis pacientes y en mí mismo.

Existen diez emociones básicas que todos conocemos y que en cualquier momento podemos experimentar ante diferentes estímulos: enojo, tristeza, miedo, disgusto, desprecio, sorpresa, disfrute, turbación, culpabilidad y vergüenza. Si son vividas durante el momento específico y con relación al hecho vivido, no generan alteración. Sin embargo, si persisten por largos periodos, alteran los estados de ánimo, generando distintos grados de toxicidad interior.

Aunque se relacionan con las emociones, en realidad, los estados
de ánimo no son lo mismo. Estos parecen depender más del mundo
interior, pueden durar mucho más tiempo y no se tiene siempre una
asociación muy clara para determinar su origen específico; aunque
una emoción o varias de ellas muy intensas pueden terminar con-
vertidas en un estado de ánimo. Si tenemos miedo persistente por
varios días o semanas, llegaremos a un estado de ánimo temeroso e
inseguro, aunque nos despertemos sin que exista una causa aparente
que lo justifique.

Los estados de ánimo son, en últimas, esos juicios automáticos
sobre las posibilidades de futuro; son el filtro por el cual percibimos
lo que nos ocurre. Sesgan o limitan el pensamiento, tornándonos
más vulnerables a los acontecimientos, alterando nuestra forma de
pensar, al tiempo que amplifican el impacto que generan las emociones. Por ejemplo, si tenemos un estado de ánimo irritable, todo
lo que nos ocurra lo veremos con ese punto de referencia, las cosas
pequeñas o grandes, y reaccionaremos en consecuencia de manera
hostil.

También existen los estados mentales destructivos que intoxican
de manera más profunda que las emociones, los cuales son: la baja
autoestima, el exceso de confianza, el resentimiento, los celos, la envidia, la falta de compasión y la incapacidad de mantener relaciones
interpersonales próximas.

Adicionalmente, están las seis aflicciones mentales primarias
que, bien analizadas, son los mismos tres venenos de la mente que
mencionó hace veinticinco siglos el Buda histórico. Estas aflicciones
mentales primarias son una integración de estados mentales y emocionales. Ellas son: el apego o deseo, la ira con todas las formas de
odio y hostilidad, el orgullo, la ignorancia e ilusión, la duda y las
visiones erróneas. Considero que existen formas de apego y duda
necesarias para la vida, pero, en la mayoría de los casos, nos causan
aflicción importante. De los tres venenos de la mente según el budis-
mo —el apego o deseo, la ira y la ignorancia o las falsas ilusiones—,

se derivan las veinte aflicciones mentales secundarias, y todas pueden intoxicarnos en alguna medida.

De la ira vienen la cólera, el resentimiento, el rencor, la envidia o los celos y la crueldad.

Del apego nacen la avaricia, el narcisismo, la excitación, la ocultación de los propios defectos y el embotamiento.

De la ignorancia surgen la fe ciega, la pereza espiritual, el olvido y la falta de atención introspectiva.

De la ignorancia se desprenden el apego, la petulancia, el engaño, la desvergüenza, la desconsideración por los demás, la falta de escrúpulos, la distracción.

Ciclos de contaminación

Desde mi punto de vista, hay siete momentos en la vida de un ser humano donde se hace susceptible a captar tóxicos en su energía, su mente y emoción. Son momentos o periodos en la vida que todos debemos pasar y que nos hacen vulnerables al ambiente externo e interno.

1. *Embarazo.* El tiempo comprendido entre la concepción y el final de la gestación. Además de recibir el alimento materno por vía del cordón umbilical que proviene de la placenta, el feto recibe toda la carga de emociones y pensamientos de la madre, junto con su campo de energía. Todas las frustraciones, ansiedades, miedos y demás sensaciones de la madre quedan registrados en el nuevo ser en formación, sin posibilidad de defensa.

2. *Nacimiento.* El ser que está en el vientre vive primero una especie de terremoto; luego pasa por un túnel oscuro con luz al final y llega hasta donde están unos seres desconocidos que lo abordan en contra de su voluntad. Además, escucha sonidos que asustan, contactos que agreden, ropajes que aprisionan, y acondicionamientos que se le imponen. Esto fortalece el temor por un mundo desconocido, aunque con el tiempo irá generando apego por este nuevo mundo.

3. *Infancia*. Luego viene la etapa donde alguien hace todo por él: lo bañan, cambian de ropa, alimentan, llevan y traen, duermen y despiertan, sin poder oponerse u ofenderse por ello. Pero entonces, el ser crece y, por así decirlo, "la nodriza de la humildad" lo abandona, y le toca tomar las riendas de su vida y sus primeras decisiones en la pequeña infancia, con la oposición de los que antes controlaban todo y ahora determinan lo que está o no bien. Es la llegada de sus egos. Esto anuncia los retos que los padres imponen. Debe caminar y si no lo hace, es imperfecto. Si no habla en el momento esperado, entonces, está enfermo y así con todo lo demás. Se abre la compuerta y se coloca enfrente de cada uno. Orgullo para ser mejores, la vanidad para resaltar ante los otros, la ambición para poseerlo todo, la mentira para engañar y ganar lo deseado, etc.

4. *Adolescencia*. Es decir, maduración. Es la rebeldía contra la contaminación anterior, contra lo impuesto, incluso contra los egos. Las cadenas que atan se hacen visibles y se lucha para la decapitación de una identidad que hasta ahora ha sido impuesta y delimitada. Esto es lo que el adolescente reprocha; es una resucitación de su propia identidad, pero al tiempo, esta se contamina de rabia, odio, rencor y resentimiento, que, a fin de cuentas, lo terminan intoxicando.

5. *Juventud*. Cuando ya se cree que la intención de tener una personalidad propia y autónoma adquirida en la adolescencia es real, llega de nuevo la sociedad para encadenarlo y someterlo, debilitando así la intención. Hay demasiados reglamentos por cumplir. *Tener* es la palabra predominante: Tener que casarse, tener hijos, tener dinero, tener el sustento… Para conservarse dentro de esta ley, aceptar el yugo de todo lo impuesto, debe ocultar sus debilidades y defectos para sobresalir, debe cambiar sus verdaderas motivaciones para adecuarse al sistema externo impuesto.

6. *Adultez.* Durante esta época, ocurre un renacimiento, pues cuando nace la primera vez, cae en manos de aquella "nodriza de la humildad". En la segunda, su custodio es la libertad. Ahora lo acompaña la sombra de la nostalgia. Todo cuanto piensa que pudo ser y ya no es. Nostalgia que de no ser escuchada debidamente lleva a la frustración. Aquí hay cambios biológicos como la menopausia y la andropausia, separaciones afectivas, cambios laborales y muchas de las cosas estables y construidas que eran sólidas cambian o desaparecen. De aprender de la nostalgia y recordar que alguna vez se pudo, de disfrutar con el recuerdo y aprender de él, se puede corregir en el presente. Así se logra sanar la emoción y superar el escollo de un tiempo de incertidumbre lleno de cambios.

7. *Vejez.* La última etapa donde se logra dejar atrás la contaminación o se reafirma si no se valora lo que se tiene. Es el momento de la sabiduría, se da cuenta de todo cuanto perdió por la imposición, el sometimiento, la esclavitud y descubre que no es una fotocopia de los demás, sino que se ha logrado tener una autenticidad propia e individual. Aquí cabe la reflexión, la moraleja de la historia personal. De ser así, se podrá liberar de toda su intoxicación y disfrutará de cada instante al máximo.

Estas etapas o ciclos los vive el ser humano individualmente, en su relación de pareja o durante una enfermedad; así como también son vividas de alguna manera por los animales, las plantas, las empresas, las ciudades, los países, el planeta, etcétera.

TÓXICOS EN LA ENERGÍA

La energía se contamina de las diferentes radiaciones a las que se expone, sean ionizantes o no, de las cuales puede o no alterarse de diferente manera. Incluso el ruido fuerte puede hacerle mella.

Todo lo que afecte la mente y la emoción incide de alguna manera en la energía humana. El campo energético de los padres, sobre todo de la madre, controla casi por completo el del niño hasta los siete años de edad, sin defensa alguna por parte de este, lo que puede ser una fuente de toxicidad muy alta. Luego, el proceso natural de desarrollo del campo de energía hace que la influencia tóxica de los demás sea cada vez menor hasta los veintiocho años, periodo en el que termina de estructurarse por completo. Después, solo se es víctima de la influencia de los demás si por temor, debilidad de carácter o pesar, se entrega la autonomía y el control.

Capítulo 3

Efectos en la salud
y el bienestar

*Los médicos trabajan para conservarnos la salud,
y los cocineros para destruirla, pero estos últimos
están más seguros de lograr su intento.*

DENIS DIDEROT

Sin proponérnoslo, cada día llevamos toxinas a nuestro ser. Bien sea por la comida, las medicinas que tomamos, el medio ambiente donde estamos, el aire que respiramos, lo que tocamos, lo que pensamos, o las relaciones que vivimos. El proceso es complejo y pone nuestra salud y bienestar en jaque, pues en cualquier momento podría generar diversos tipos de alteración. Por ejemplo, a principios de este siglo, Mount Sinai School of Medicine analizó a un grupo de personas que no pertenecían a grupos especiales de riesgo, que no tenían una enfermedad grave evidente, y encontró en ellas hasta 167 sustancias tóxicas, de las cuales 76 eran potencialmente cancerígenas, 94 alteraban el sistema nervioso y 79 podían provocar defectos de nacimiento o desarrollo deficiente, entre otras cosas.

En este capítulo, describiré algunos de los efectos de los tóxicos más comunes o importantes en el ser humano con que nos topamos en la vida. No tienen un orden especial; solo los agrupé de manera que me quedara más fácil su explicación. Es imposible e innecesario ocuparme de todos. Además, este libro busca ayudar a retirarlos de nuestro ser; el protagonista es el cuerpo, no el veneno, así que desde la segunda parte, empezaremos a darle crédito a lo que siempre hace el organismo para desintoxicarnos.

Fertilizantes

La aplicación de fertilizantes nitrogenados es una de las principales fuentes de contaminación de agua potable subterránea; al consumirla, produce debilidad general, dolor de cabeza y signos de depresión. La Organización Mundial de la Salud (OMS) asegura que consumos prolongados de agua con concentraciones de diversos fertilizantes superiores a 45 mg/l afecta la salud, más en los bebés. Es posible que en el organismo puedan derivar en nitrosaminas, sustancias que promueven el cáncer, especialmente el gástrico y el de esófago.

Plaguicidas

Son neurotóxicos y se ha determinado que pueden producir 250 síntomas. Una intoxicación aguda puede conllevar daños neurológicos irreversibles, trastornos respiratorios, sensibilidad alérgica crónica y hasta causar la muerte. La OMS dice que cerca de un millón de personas sufre enfermedades por plaguicidas al año. La Organización Internacional del Trabajo (OIT) aumenta a cinco millones los enfermos y dice que produce cuarenta mil muertes por año.

La exposición continuada a dosis bajas pasa desapercibida y nos afecta a todos. Produce alteraciones hormonales por actuar como hormonas de predominio femeninas, promoviendo el cáncer del sistema reproductor (próstata, testículos, ovario, seno), criptorquidia (ausencia del descenso testicular), malformaciones de la uretra, al-

teraciones del desarrollo sexual, disminución del número de esper-
matozoides, deformaciones de nacimiento, alteraciones del sistema
inmune. En niños expuestos, puede haber pérdida de la habilidad
para dibujar, recoger una pelota, así como alteraciones en la conducta y en otras áreas del desarrollo psicomotor infantil. La Universidad
de Wisconsin publica en *Toxical and Industrial Health* que los plaguicidas alteran también la producción de hormonas de la tiroides
en el embarazo, que controlan la maduración cerebral fetal.

RADIOTERAPIA Y QUIMIOTERAPIA

Son los tratamientos más convencionales para los pacientes con
cáncer, generalmente junto con la cirugía. Su objetivo es destruir las
células tumorales, las cuales son células vivas, lo que requiere de
una alta toxicidad para lograrlo. Los efectos pueden ser inmediatos,
como una reacción orgánica ante la sustancia o a la radiación recibida, y a mediano y largo plazo. También pueden ser de predominio
local, como los que se manifiestan donde incidió la radiación o en
todo el organismo. Pueden provocar náuseas, vómito, pérdida de
pelo, quemaduras en la piel y las mucosas; debilidad y fatiga, ulce-
raciones en la boca, la garganta, los intestinos, las áreas genitales;
diarrea, colitis, irritación a cualquier nivel, disminución del número
de glóbulos blancos y rojos, entre muchas alteraciones más. Generalmente, estos síntomas suelen ser transitorios; sin embargo, pueden
llegar a afectar de manera tardía y, a veces irreversible, a algunos órganos y sus funciones, tales como el corazón, el riñón, el pulmón, el
hígado, el cerebro, el tubo digestivo, el sistema reproductor, etcétera.
Todo irá en relación con el tipo de medicación, la dosis recibida, el
tiempo de exposición, la susceptibilidad personal y el apoyo terapéutico recibido. Las nuevas terapias contra el cáncer, llamadas terapias
biológicas (inmunoterapia, como la de anticuerpos monoclonales,
entre otras), generalmente producen cuadros de malestar que simu-
lan una gripa (fiebre, escalofrío, pérdida del apetito, dolor muscular,
postración) o alergias que pueden llegar a ser severas.

Campos electromagnéticos

Desde hace quince años, la OMS empezó una investigación sobre los efectos que puede tener en la salud la exposición permanente a los campos electromagnéticos, como los que generan las antenas y las cuerdas de muy alta tensión. Recomienda desde entonces que se retiren de centros urbanos y zonas densamente pobladas. Investigaciones previas sugieren que estar cerca de estos durante varias horas genera alteraciones del sistema nervioso, del corazón, del sistema hormonal, alterando el ritmo natural que tienen. Se ha visto mayor sensibilidad en fetos, niños, adolescentes, embarazadas, ancianos y enfermos. También se asocia a la aparición de algunos tipos de leucemias y otras afecciones sanguíneas.

En el día a día de la vida moderna, hay exposición a diversos tipos de radiación no ionizante: frente al radio reloj y el tomacorriente en la noche; durante el día, al secador de pelo, el horno microondas, el celular, las luces fluorescentes, el televisor, el computador, el radiador eléctrico, etcétera.

Investigaciones aún incipientes han evidenciado que estas exposiciones favorecen (generan o aumentan) la aparición de insomnio, cansancio, jaquecas, alergias, depresión y baja vitalidad.

Contaminación sonora

La contaminación sonora puede llevar a la socioacusia, que es la pérdida de la capacidad auditiva del ser humano, como consecuencia de la exposición prolongada a fuertes sonidos. Según algunos estudios que se han hecho en la Unión Europea, en el mundo hay ochenta millones de personas expuestas diariamente a niveles de ruido ambiental, que están por encima de los 65 decibelios (dB), mientras que hay otros ciento setenta millones que viven en niveles mayores de 55 dB. Todo esto a pesar de que la OMS considera que el nivel que el ser humano puede tolerar llega solo hasta 50 dB. Es bueno saber que se producen 40 dB al encender la radio a bajo volumen, 60 dB en una conversación corriente, un aparato de radio a volumen normal, el sonido ambiente de una oficina, o en una calle con escasa circulación. El ruido de una aspiradora produce 70 dB, una calle con mucho tráfico 80 dB, y una licuadora o el cierre brusco de una puerta 90 dB. Se llega a 100 dB con la bocina de un carro o la música rock, y hasta 120 dB con el estruendo de las calderas, de un martillo perforador, o el motor de un avión. Si llega a escuchar 160 dB o más de cerca, podría deteriorar el tímpano, llevando a una disminución de la audición o hasta su pérdida total.

DIOXINAS

Favorecen la aparición de cualquier tipo de cáncer, ya que su mecanismo de acción promueve la acción de otros agentes cancerígenos. Se sabe que el efecto más grave es el debilitamiento del sistema inmune, favoreciendo las infecciones. Directamente, disminuyen la cantidad y calidad del esperma masculino, alterando la posibilidad de fecundar. Afectan el desarrollo de los embriones y del sistema nervioso central de niños lactantes. Llegan a producir alteraciones de la coordinación, movimiento, bajo coeficiente intelectual y muerte prematura. También, un tipo característico de acné facial.

Las dosis de xenohormonas que pueden causar problemas son ínfimas, y en las pruebas o test usuales, generalmente no las encuentran, porque no tienen la sensibilidad para detectarlas. Por ejemplo, una dosis simple de dioxina de 0.064 mg/kg administrada a una rata embarazada puede resultar en inhibición de la masculinización de los fetos y, en otros casos, en malformaciones congénitas.

La DL 50 de las dioxinas en ratas macho por vía oral es ínfima comparada con otras sustancias. Se necesitan solo 0,02 mg/kg de peso, mientras que se requieren 7000 mg/kg de etanol para producir una intoxicación letal. La DL 50 para la sal común es de 3000 mg/kg, para el sulfato de cobre 1500 mg/kg, para el DDT de 100 mg/kg, y 60 mg/kg para la nicotina.

Tóxicos ambientales

Altos niveles de ozono troposférico y/o altas concentraciones de micropartículas en el aire, como las emitidas por el combustible diésel (ACPM) o las producidas por la combustión de las centrales eléctricas y refinerías de petróleo, dejan al pulmón sin defensas, a pesar de ser muy pequeñas, de menos de 2,5 micras. Estas amenazan también la salud de la piel y del sistema visual, y la vegetación. Producen irritaciones menores o mayores, dependiendo del nivel de concentración del tóxico, el tiempo de exposición y la sensibilidad personal. Investigaciones recientes las asocian como favorecedoras del cáncer de pulmón.

La OMS asegura que el humo del tráfico urbano provoca unas ochenta mil muertes por año en Europa; esto es mucho más de las que se producen por accidentes de tráfico. Es importante anotar que en Europa existe mayor control de combustibles y automotores en lo referente a la contaminación, lo que hace que estas cifras sean más preocupantes para los países en vías de desarrollo.

Tóxicos laborales

Cada vez es más frecuente la intolerancia de las personas al contacto con diversos agentes químicos en lugares cerrados, como los ambientadores, los desodorantes, las lociones, el alquitrán, el humo del cigarrillo, los perfumes, los cosméticos, los productos de limpieza, el esmog, los insecticidas, los esmaltes de uñas, los quitaesmaltes, el champú, el maquillaje, los tintes de periódicos y revistas, entre otros más, propios de cualquier ambiente casero o laboral, donde, además, el aire es de mala calidad. Síntomas como picor en nariz y ojos, lagrimeo, picor en garganta y lengua o labios, tos seca, sensación de asfixia, sabor metálico, enrojecimiento facial, hormigueo, dolor de cabeza, debilidad muscular, náusea, vértigo y demás, se producen por ambientes malsanos. Dependen por supuesto de la susceptibilidad personal, pero son originados por la exposición permanente a un sinnúmero de sustancias que puede llevar a los afectados a un asilamiento social y laboral.

Rayos X

Se sabe que la radiación natural de origen cósmico y de la descomposición de radionúcleos de torio y uranio del planeta es de 2 mili *sieverts* (mSv, la unidad de medición de la radiación) por año. Esta radiación es responsable de las mutaciones genéticas naturales y del 0,1 al 2% de todas las enfermedades hereditarias. Generalmente, cada persona recibe 4 a 4,5 mSv, sin contar el excedente que se recibe de las radiografías (2 o más mSv). Se estima que los viajeros muy frecuentes y los pilotos y auxiliares de vuelo reciben unos 5 mSv al año. Hoy se considera que el radón de los hogares es la segunda causa de cáncer de pulmón, después del cigarrillo.

Los niños son diez veces más sensibles a las radiaciones que los adultos; a partir de los 45 años, aumenta de nuevo la sensibilidad, y los fetos son cien veces más sensibles.

La ciencia ha determinado que existe una dosis efectiva de radiación, la cual es una medición en mSv que determina de qué manera se incrementa de manera significativa la aparición de tumores con evolución mortal por millón de habitantes. El factor de riesgo, que es propio de cada exposición a la radiación, se multiplica por la dosis efectiva y así se conoce el riesgo de cada exposición a la radiación. Por ejemplo, si multiplicamos el factor de riesgo 10 (el de los efectos de la radiación entre los supervivientes de las bombas atómicas de Hiroshima y Nagasaki) por la dosis efectiva, obtendremos el incremento de muertes de cáncer por millón de habitantes. Una radiografía (Rx) de tórax normal supone una dosis efectiva de radiación de 0,2 mSv que multiplicada por 10, que es el factor de riesgo, da 2 muertes; un TAC de tórax supone una dosis efectiva de 20 mSv que multiplicada por 10, daría 200 muertes más. Un Rx dental tiene una dosis efectiva de 0,02 mSv, un Rx de cadera 0,1 mSv, una gammagrafía ósea 3,6 mSv, un Rx de columna dorsal 5,0, entre otros más. Por todo lo anterior, siempre es preferible someterse a una ecografía en vez de a una radiografía.

Aditivos

Aditivos colorantes como el E102 (tartrazina), que sustituye al azafrán, puede producir crisis de alergia y asmas agudas, que se agrava si se combina con aspirina. La eritrosina afecta el sistema nervioso y la tiroides y se piensa que produce hiperactividad infantil. El E161 (xantofilas) puede afectar el hígado y la visión. Dentro de los conservantes, los E210 (ácido benzoico), E211 (benzoato sódico), E212 (benzoato potásico), presentes en lácteos, frutas y miel, han generado respuestas alérgicas, asma y urticaria, y se estudia su carácter cancerígeno. En los reguladores de acidez como el E339 (ortofosfato de sodio), se ha encontrado que puede disminuir la absorción de calcio, hierro y magnesio. Se sabe que los aromatizantes y potenciadores del sabor, como el E510 (cloruro de amonio), afecta el sistema óseo, las glándulas paratiroides y las suprarrenales. Además, en mujeres embarazadas, ha llevado a pérdida de peso y cuadros de vómito. El glutamato monosódico o E621 se ha relacionado con la generación del famoso síndrome del restaurante chino, con pesadez, dolor de nuca y brazos, y palpitaciones; además, algunos lo asocian con alteraciones de la memoria. Dentro de los edulcorantes y sustitutos del azúcar, el E950 (aspartato) se ha asociado con dolores de cabeza, y en personas sensibles con alteraciones de la memoria, hiperactividad y edema facial. El E950 es considerado como un alérgeno por la Academia Americana de Alergología.

Iones del aire

Se ha demostrado que la carga eléctrica del aire influye profundamente en la salud física y mental de las personas, ya que los iones, diminutas partículas del aire cargadas de electricidad, afectan el funcionamiento del organismo de forma directa. El aire cargado de iones positivos aumenta todo tipo de alergias, incluyendo el asma;

genera fatiga en las personas que lo respiran, disminuye el rendimiento intelectual y laboral, altera el estado de ánimo al favorecer la
irritabilidad y la confusión. Además, puede ayudar a la aparición de
migrañas, alterar el buen sueño, e incluso agravar cualquier estado
de enfermedad existente. Por el contrario, el aire altamente cargado
de iones negativos favorece la relajación, el bienestar, la mente serena, el equilibrio y funcionamiento armónico de todos los sistemas.
Los cilios respiratorios se hacen lentos con iones positivos y se acele-
ran con los negativos. Se mueven cien veces por minuto para evitar el
paso de polvo, polen y otras sustancias que no deben llegar a los pulmones. El aire acondicionado y la calefacción atrapan generalmente
los iones negativos y, al pasar por el circuito de acondicionamiento
de aire, aumentan los positivos y disminuyen los negativos. Así mismo, la ropa sintética, los muros de cemento, los tapetes sintéticos, la
cercanía a las pantallas de televisión y algunos calzados con aislante
eléctrico, entre otros.

Metales pesados

La presencia alta de aluminio en el organismo está relacionada
con la enfermedad de Alzheimer; además, interfiere con el magnesio
y está relacionada con la debilidad de las mucosas digestivas. Produce estreñimiento, dolor abdominal, irritación del tubo digestivo,
baja energía, trastornos de la piel, hígado graso y huesos blandos. En
pacientes con falla renal, se acumula en los huesos.

La alta presencia de arsénico en el cuerpo está relacionada con
cáncer de piel, pulmones, vejiga y próstata; diabetes, anemia, alteraciones del sistema nervioso y reproductor. La ingesta aguda ocasiona
trastornos digestivos, fatiga, dolor de cabeza y músculos; confusión,
ansiedad, alteraciones de los glóbulos rojos y blancos, y daños en los
riñones e hígado.

En Bangladesh, mueren tres mil personas al año por el arsénico y dos millones viven con envenenamiento por la alteración de
los terrenos, generada por el hombre y la construcción de estanques

inadecuados, produciendo una alta concentración del metal en el subsuelo que luego es consumido a través de los alimentos contaminados por las aguas de riego.

Al consumir mercurio, este se filtra al cerebro, pasando la barrera hematoencefálica, así como la placentaria, afectando el feto y también la leche materna. Altera acciones de algunas enzimas, causando daños en membranas celulares, sobre todo del cerebro. Inhalado, causa fatiga, dolor de cabeza, insomnio, nerviosismo y descoordinación. Si es ingerido, produce inflamación de la mucosa oral e irritación gastrointestinal, con dolor, náusea y vómito.

El plomo, al llegar al cuerpo, desplaza minerales básicos como el calcio, el hierro, el cobre, el zinc y el manganeso en sus funciones enzimáticas. Al principio, genera dolor de cabeza, fatiga, pérdida de peso, estreñimiento y anemia; si la intoxicación es mayor, produce agitación, pérdida de memoria y coordinación, vértigo, depresión, afectando severamente el sistema nervioso. Además, reduce la resistencia a las bacterias y a los virus. Los niños son especialmente sensibles.

La intoxicación con cadmio altera la cantidad de zinc al competir con él. Su presencia favorece la formación de cálculos renales, la generación de radicales libres y aumenta la presión arterial. Se acumula en el hígado, los riñones y los testículos. Produce alteraciones de la medula ósea y dolores lumbares y de las extremidades inferiores que persisten durante años.

El exceso de consumo de cobre puede llevar a lesiones del hígado, el riñón o el cerebro. Un alto consumo agudo produce debilidad, dolor abdominal, náuseas, vómito y diarrea que, en casos severos, puede llevar al coma y a la muerte. El consumo crónico en alta cantidad puede llevar a sufrir de ansiedad, depresión, fatiga, dolor de cabeza, trastornos del aprendizaje, lapsus de memoria, disminución en la concentración e insomnio. En casos más severos, convulsiones, delirio, tartamudez, hiperactividad, artralgias, mialgias, hipertensión, gingivitis, dermatitis, decoloración de la piel/cabello. El dispositivo conocido como la T de cobre, usado en el control de natalidad, ha sido asociado al desarrollo de anemia y a un mayor riesgo de infección pélvica en algunas pacientes.

Solventes orgánicos

Los solventes orgánicos, tales como el benceno, estireno, tolueno y tricloroetileno, entre otros, son hidrocarburos líquidos más o menos volátiles que tienen gran influencia sobre los tejidos ricos en grasas, como el cerebro y los nervios. En varios países del mundo, hay altos niveles de contaminación en los grupos de trabajadores con riesgo a la exposición a estos químicos. Por ejemplo, el Instituto de Seguros Sociales de Colombia, en conjunto con el Centro de Neurociencias de Cuba, detectó alteraciones funcionales del sistema nervioso en una muestra de 157 trabajadores de diferentes industrias del Valle del Cauca.

La exposición prolongada, aérea o cutánea, a estos solventes, común en la industria de hidrocarburos y química, pinturas, fibra de vidrio, imprentas e industria del calzado entre otras, puede causar depresión, irritabilidad, fatiga, ansiedad, falta de concentración, descoordinación y problemas de memoria. Se ha encontrado incidencia aumentada de linfomas, leucemias, cánceres de hígado y pulmón. Los solventes pueden dañar al feto en desarrollo y deben ser evitados a todo costo en las mujeres embarazadas, entre otras cosas, porque aumentan los abortos espontáneos. Las mujeres jóvenes son especialmente susceptibles a estos tóxicos.

La sal

El sodio es un mineral esencial para el organismo, pero consumos mayores a 7 gramos diarios (cantidad máxima que se puede eliminar al día), puede alterar la salud. La sal de mesa común, además, posee solo dos elementos: sodio y cloro (a veces cuatro, cuando se le añade iodo y flúor), por lo que su ingesta altera el equilibrio hidrosalino y su proporción con otros minerales, sobre todo con el potasio, al-

terando funciones vitales como las del corazón. Sin embargo, existe
una forma de sal mineral, como la del organismo, que posee ochenta
y cuatro elementos, que resulta mejor para el consumo.

El alto grado de consumo de sal de mesa se asocia a la aparición
de hipertensión arterial y a un riesgo de desarrollar enfermedades
cardiovasculares y/o renales a mediano y largo plazo. Un consumo
muy alto, de manera puntual, actúa como un tóxico por el exceso
de sodio, generando hipernatremia (alta concentración de sodio en
la sangre), con manifestaciones y complicaciones neurológicas, especialmente. Los niños son más vulnerables a su exceso; por eso, está
contraindicado darles bebidas para deportistas ricas en sodio para
ayudar a reponerse de una deshidratación. Es indispensable usar las
soluciones hidratantes preparadas para niños únicamente.

Azúcar

A la sacarosa, el azúcar de mesa, a la refinada, la han llamado diversos autores con el nombre de veneno dulce, porque la relacionan
con infinidad de padecimientos, en todas las personas, no solo en los
diabéticos, pero por su sabor tan agradable, casi nadie se percata del
daño que hace.

Tiene un altísimo contenido en calorías sin ningún valor alimenticio. En el proceso de refinación se le extraen las vitaminas del complejo B, el calcio, hierro y otros minerales, al tiempo que se le añaden
varios químicos, entre otros, el ácido sulfúrico, que altera su estructura y sus propiedades, favoreciendo su toxicidad. El alto consumo
se relaciona directamente con las caries dentales. Se sabe que cuando
ingresa al cuerpo, consume varias de las vitaminas del complejo B.
Al provocar la liberación de una alta cantidad de insulina, favorece
la acumulación inadecuada de grasas, no solo las responsables de
la obesidad, sino también en el sistema circulatorio, produciendo
arterioesclerosis e infartos. Diversos estudios han encontrado que su
consumo favorece la respuesta inflamatoria, y en grandes propor-

ciones, se encuentra relacionado con el desarrollo de la depresión e incluso de la esquizofrenia.

FÁRMACOS

Se sabe que uno de cada veinte ingresos en hospitales en ciertos países se debe a reacciones adversas a fármacos. Alrededor de una de cada cinco personas presenta al menos una reacción adversa a estos estando hospitalizada, aunque no todos son en realidad de tipo tóxico. Algunos son por una acción mayor de la esperada, como el caso de un hipotensor, que puede bajar demasiado la presión arterial, generando postración, mareo o vértigo, entre otros. En segundo lugar, se trata de reacciones indeseables que conocemos como efectos secundarios. Pueden ser leves o graves, pero generalmente se espera que mejoren con la suspensión del producto, aunque no siempre sucede así. Además, existen las reacciones alérgicas que son preexistentes y que no están relacionadas con la dosis recibida, pero pueden ser letales. Para que ocurra una alergia, se necesita que el paciente haya tenido contacto previo con la sustancia suministrada. Por último, las de toxicidad del producto, que aumenta de acuerdo con la dosis suministrada. La toxicidad puede ser leve, moderada, severa o letal, y puede ser inmediata o tardía. Cualquier órgano o sistema del cuerpo, o el área emocional y mental, pueden estar comprometidos, aunque generalmente las intoxicaciones más graves en el cuerpo afectan el hígado, los riñones, la sangre, el tubo digestivo, el páncreas, la función sexual, la piel, los oídos, los ojos, el sistema cardiovascular, el sistema nervioso, los líquidos y minerales del cuerpo, el sistema respiratorio, etc. Si la afectación es severa en el cuerpo, la zona energética correspondiente se ve afectada casi siempre por igual.

DROGAS

Son aquellas sustancias de origen sintético o natural con efectos sobre el sistema nervioso central que se consumen para obtener una alteración del estado de ánimo, buscando el placer. Estas sustancias pueden producir fenómenos de tolerancia (se necesita mayor cantidad para producir el mismo efecto) y adicción. Generan trastornos psíquicos, físicos y sociales, y se dividen en 3 grupos.

1. Las depresoras del sistema nervioso central, como el alcohol, los hipnóticos (para dormir), los opioides (morfina, heroína).
2. Las estimulantes del sistema nervioso central, como las anfetaminas y la cocaína, y en menor grado, la nicotina y la cafeína.
3. Las alucinógenas o perturbadoras del sistema nervioso central, como el LSD, el hachís, la marihuana y el éxtasis.

La cocaína produce euforia, hiperactividad, inhibición del apetito, disminución de la fatiga en su estado agudo con aumento de la presión arterial. Su uso crónico, además de lesionar el tabique nasal, implica riesgo de infarto y hemorragia cerebral. Genera importantes trastornos del área psíquica y social con cuadros de depresión y paranoia.

El consumo agudo por inhalación (fumar) de cannabis o marihuana aumenta el apetito, seca la boca, enrojece los ojos, produce sudoración, descoordinación de movimientos y somnolencia, entre otros síntomas. A nivel psíquico, aumenta la autoestima, favorece la sociabilización, desinhibe, aumenta el deseo sexual. Su consumo crónico genera alteraciones neurológicas, entorpeciendo las funciones relacionadas con el aprendizaje, así como la concentración y la memoria. Altera la lucidez mental y el juicio crítico. Afecta las vías respiratorias y el sistema cardiovascular a largo plazo, y puede producir ansiedad o crisis de pánico, y en personas predispuestas, esquizofrenia.

El éxtasis se consume por vía oral generalmente como tabletas y produce taquicardia, sequedad en la boca, sudoración, temblores y deshidratación. Es muy tóxico, aumenta la temperatura corporal, afecta el ritmo cardíaco, y puede provocar fallas en varios órganos, como el hígado, el riñón y el cerebro. En muchos casos, su toxicidad aguda ha llevado a la muerte.

Las anfetaminas consumidas por vía oral, mediante cápsulas, producen agitación, euforia, incremento de la autoestima, agresividad, alerta constante, taquicardia, aumentado también la presión arterial. Pueden llevar a delirios, cuadros psicóticos agudos, trastornos digestivos, colapso circulatorio y hasta depresión como respuesta posterior.

Alcohol

Es la intoxicación más común y por ser de aceptación social, se minimiza su efecto. La intoxicación aguda se puede presentar de tres formas:

1. Sin complicaciones, en el 75% de los casos, con descoordinación psicomotriz y de marcha, vómito, euforia, locuacidad, exaltación de la imaginación, desinhibición, taquicardia, respiración rápida, etcétera.
2. Con agitación psicomotriz (18%), alternando fases de agresividad y tristeza, con alteraciones de las funciones cognitivas de percepción, atención, memoria, entre otras.
3. Coma alcohólico (7%), que produce una reducción en la temperatura corporal, la frecuencia respiratoria, la tensión arterial y el pulso, con pupilas dilatadas.

Con niveles sanguíneos de 20 a 30 mg/dl, se afecta el control motor fino, el tiempo de reacción, y existe deterioro de la facultad crítica y del estado del humor. Esto compromete la capacidad de conducción. Más de 150 mg/dl pueden ocasionar trastornos de la marcha, dificultad para hablar, euforia y combatividad. El rango letal oscila entre 400 a 900 mg/dl, dependiendo de si es o no alcohólico crónico, y se presenta con depresión respiratoria, coma y convulsiones.

La intoxicación crónica se asocia a graves trastornos neurológicos y mentales generados por el alcohol, además de las producidas por la desnutrición. Lo más grave, de todas maneras, son los trastornos personales, familiares, laborales y sociales que esto genera.

Cigarrillos

La nicotina es una poderosa droga adictiva que produce un síndrome de abstinencia muy fuerte, cuyos efectos se relacionan de manera directa con los trastornos del sistema circulatorio y con el infarto del miocardio. Igualmente, el alquitrán se acumula en los bronquios, generando irritación y por vía directa favorece el cáncer del pulmón, además de recoger y concentrar partículas de gas radón. El monóxido de carbono es uno de los más grandes venenos que existen. Entre otras cosas, reduce la concentración de oxígeno en la sangre, incrementando su densidad y favoreciendo trastornos respiratorios y circulatorios.

Como también se inhala cadmio, dioxina, arsénico y cobre, entre otros más, los efectos tóxicos del cigarrillo son muy altos. Es el mayor generador de bronquitis crónica y enfisema, entre otras enfermedades más. La verdad, el cigarrillo es uno de los productos que más nos da trabajo a los médicos, y beneficios económicos a las tabacaleras, sin dejar nada bueno para los que lo consumen.

Plásticos

Cada vez se conoce más sobre la toxicidad directa de los plásticos en la salud, básicamente de los ftalatos y el bisfenol A (BPA). Los primeros hacen que los plásticos sean blandos y flexibles, presentes en gran cantidad de juguetes y recipientes. El segundo se usa más que todo en botellas, biberones y vajillas. El BPA ha sido evaluado por autoridades sanitarias de todo el mundo, incluyendo la Oficina Europea de Sustancias Químicas (ECB), la Autoridad Europea de Seguridad Alimentaria (EFSA), la Administración de Alimentos y Medicamentos de Estados Unidos (FDA) y el Ministerio Japonés de Salud, Trabajo y Bienestar Social. Estas agencias reguladoras han autorizado el uso en aplicaciones para el contacto con alimentos.

Sin embargo, continúan las investigaciones con serios indicios de toxicidad, sobre todo cuando el material se calienta (en el microondas, por ejemplo). Se investiga si el químico genera lesiones sobre los cromosomas y las vías de acción hormonal, así como la posibilidad de que provoque tumores en la hipófisis. La buena noticia es que ya existen diferentes plásticos para la fabricación de botellas y otros utensilios, que no poseen BPA, pero hasta ahora solo se usan en los países industrializados.

Estudios diversos también encontraron un efecto negativo de los ftalatos por simular la testosterona (hormona masculina) y causar efectos negativos en el sistema hormonal de fetos, bebés e infantes. Otros lo relacionan con el cáncer de hígado. La Unión Europea los ha prohibido en juguetes para bebés y niños. El Gobierno de California ha colocado límites estrictos sobre las concentraciones de ftalatos en productos para niños menores a tres años, como libros blandos para bebé, animales de hule y mordederas. Todo esto debido a que son llevados a la boca y succionados por los bebés.

ALIMENTOS

En la investigación de la toxicidad de los agentes que acompañan los alimentos, se definen dos categorías. Una de un agente que se sabe que tiene propiedades tóxicas propias, conocidas como sustancias xenobióticas, capaces de hacer daño en la función o en la estructura del organismo, a corto plazo (toxicidad aguda o subaguda), la cual no puede ser atenuada dando el alimento adecuado. La otra se conoce como agente antinutricional, capaz de reaccionar con un nutriente, logrando disminuir su acción benéfica en el organismo, generando toxicidad crónica y, muchas veces, irreversible. La ventaja en este caso es que usar el nutriente, bloqueado en gran cantidad puede atenuar o evitar el problema en las primeras fases. Los hay que secuestran los minerales, los hay que inhiben las vitaminas y otros que bloquean las enzimas. Por ejemplo, la avidina es una clase de proteína que se consume en la clara de huevo cruda, y es dañina porque bloquea a la biotina.

Por otro lado, la ingesta de agua y alimentos contaminados por metales pesados, dioxinas, PCB, bacterias, virus, hongos, suele ser la forma más común de llevar toxinas al organismo, que no dependen de la característica propia del alimento sino de la contaminación que este sufre y, por ende, del que la consume. Esto ha hecho que actualmente no se consuman ciertos productos que son nutritivos y saludables. Un estudio revelado en la revista *Science* en enero de 2004 recomienda no consumir más de 250 gramos de salmón de piscifactoría al mes (especialmente del europeo, aunque varios autores consideran que está igual en todo el planeta) por estar altamente contaminado, igual al que proviene del mar, entre otros por PCB y dioxinas, porque promueve algunos tipos de cáncer, entre otras alteraciones.

Ya desde antes eran bien conocidas las reacciones alérgicas, a veces muy severas, por consumir comida de mar, como almejas, mejillones, camarones, y peces como el róbalo o el atún. Esta reacción, generalmente producida por una sustancia conocida como histamina, presenta también casos más severos de neurotoxicidad y hasta parálisis. Si bien es cierto que varios mariscos no producen toxinas, sí las almacenan al ingerir dinoflagelados tóxicos como *Gonyaulax catenella* (especies unicelulares del plancton marino y parte de la cadena alimentaria). Luego de su ingesta por el hombre, hay adormecimiento de boca, cuello y extremidades, falta de coordinación muscular, dificultad respiratoria hasta el paro, que puede sobrevenir en las primeras doce horas. También hay bloqueo de los canales del sodio, generando la parálisis nerviosa. Desafortunadamente, el calor de la cocción no inhabilita totalmente la toxina.

Además, los alimentos pueden generar enfermedades por consumos altos, como es el caso de la grasa saturada que tiene la leche y la carne de vaca, entre otros, que con un consumo muy alto puede

llevar a producir diversas enfermedades al alterar el proceso de inflamación y el sistema circulatorio, entre otros. Se tiene claro además
que la leche puede estar llena de sustancias que recibe el animal que
la produce, con efectos de todo tipo. La leche y sus derivados se asocian también a la causa o propensión a desarrollar diversos tipos de
alergia, ya sea en la nariz, senos paranasales, bronquios y en el tubo
digestivo. Pero no solo los productos animales; también, sustancias
tan saludables como el té verde, o tan comunes como el café, ambas
con altas concentraciones de cafeína, si se consumen en exceso, están
contraindicadas para personas embarazadas o que padecen trastornos cardíacos, arritmias, úlcera, problemas hepáticos (ya que pueden
causar toxicidad y lesión), entre otras, por su efecto estimulante que
no debe ser menospreciado.

Además de los plaguicidas, metales pesados, PCB, dioxinas y demás presentes en vegetales y en animales, así como en el agua misma,
que llegan directamente al ser humano por ser el último eslabón
de la cadena alimenticia, existe la posibilidad de adquirir todo tipo
de parásitos (amebas, giardias, oxiuros, tenias, tricocéfalos, áscaris,
etcétera) que llevan a la desnutrición y favorecen todo tipo de dolencias y enfermedades. Afortunadamente, estos últimos se pueden
evitar con un buen aseo y cocción adecuada.

Sin embargo, cocinar la carne demasiado hace que tenga reacciones químicas con efectos tóxicos.

Las nitrosaminas se asocian con la alta incidencia de cáncer de
estómago y esófago en dietas con alto contenido de alimentos curados con sal, nitritos y ahumados, como el jamón, perros calientes,
pescados salados y ahumados, tocinetas, chorizos, hamburguesas.
Por último, cada vez es más común el uso indiscriminado de suplementos nutricionales con la idea de ser saludables y no hacer daño,
sin saber que ciertas vitaminas, como la A, la E, la D y la K, se acumulan en el organismo, por lo que altas dosis sin discriminación pueden ser muy tóxicas. Un exceso de vitamina A puede llevar a fatiga,
debilidad, visión borrosa, caída del cabello, diarrea, adelgazamiento,

osteoporosis, alteraciones hepáticas, etcétera. El exceso de vitamina E puede producir sangrados y es importante retirarla por lo menos diez días antes de una intervención quirúrgica por el mismo motivo. La vitamina D puede llevar a trastornos digestivos, debilidad, acumulación de calcio en los huesos, alteraciones del ritmo cardíaco, etcétera. La vitamina K produce rubor, sudoración, contracciones torácicas y anemia.

Mente y emoción

Desde la década de los setenta, se ha empezado a entender que la mente (con la emoción), el sistema nervioso, el endocrino (hormonas) y el inmune (defensa) funcionan como un gran equipo, donde lo que le pasa a cada uno influye directamente sobre los demás. Por eso, las alteraciones de la mente y la emoción influyen en los otros sistemas y en el funcionamiento de todo el organismo. La evaluación de ciento un investigaciones diferentes sobre el tema constató que las emociones perturbadoras son malas para la salud en cierto grado, ya que las personas que experimentaban ansiedad crónica, prolongados periodos de tristeza y pesimismo, tensión continua u hostilidad incesante, cinismo o suspicacia implacables, tenían el doble riesgo de contraer una enfermedad, incluyendo el asma, la artritis, los dolores de cabeza, las úlceras pépticas y problemas cardíacos (cada una de ellas representativa de categorías amplias de enfermedad). En realidad, las emociones de este tipo son un factor de riesgo tan dañino como fumar, o tener el colesterol alto, cuando se padece una afección cardíaca, por ejemplo.

De acuerdo con lo que dicen algunos autores, he podido constatar que ciertas emociones tienen acciones directas e inmediatas sobre el bienestar personal, pues logran facilitar la aparición de padecimientos y/o enfermedades o agravar una ya existente. Estas emociones son: la ira, con todas las formas de hostilidad, el resentimiento, la irritabilidad, el odio, la cólera, la culpa, el temor, la ansiedad, el apego, el deseo, la tristeza y la depresión. En el caso de la ira y todas

sus manifestaciones, he visto trastornos como jaquecas, hipertensión, úlceras en cualquier lugar del cuerpo y sangrados, pero estos
no son los únicos; en realidad, son predominantes las enfermedades
relacionadas con el corazón y el sistema circulatorio. Cuando hay
dolor físico, estas emociones lo agravan y hacen más difícil su manejo. Generalmente, las personas que las sufren padecen de debilidad
y cansancio crónicos. En el caso del resentimiento, lo he visto en
gran cantidad de pacientes con enfermedades autoinmunes, como
la artritis, el lupus, el síndrome de Sjörgen, entre otras. En pacientes
con depresión, la recaída de una enfermedad maligna (cáncer) es
más común.

Quiero aclarar que, desde mi visión, el estado emocional no es
la causa, pero influye en el padecimiento y en el resultado final de
la terapia. Además, no todo paciente con determinada enfermedad
tiene estas mismas emociones, y no todo el que padece estas emociones presenta la misma enfermedad. También, quiero que tengamos
presente que la función de todo terapeuta es ayudar al paciente a
sobrellevar su proceso; nunca juzgarlo y menos condenarlo

TRAUMAS Y ESTRÉS POSTRAUMÁTICO

Se define como un trastorno de ansiedad que ocurre luego de
observar o experimentar un hecho traumático que involucre una
amenaza de lesión o la muerte. Estas personas reviven la experiencia
del trauma en su mente, con síntomas físicos asociados al evento,
muchas veces durante la vigilia, o mediante pesadillas al dormir, lo
que conlleva a todo tipo de alteraciones en el sueño. Este síntoma
puede ocurrir inmediatamente después de la experiencia traumática
o iniciar meses más tarde, generalmente durante los primeros seis.
Buscan evitar el recuerdo en su mente o las emociones presentadas,
aunque por lo general es imposible y se alejan de cualquier situación
que se les parezca o que se relacione con el trauma. Afecta la vida
presente y el futuro se mira con desconfianza e incapacidad. El estrés
postraumático experimentado por los combatientes de guerra, por

víctimas de atentados terroristas, violaciones y accidentes severos, cada vez se presenta más con experiencias menos intensas, dado que el ritmo actual de la vida de muchos seres humanos permanece al límite. Por muchos años, me ha llamado la atención en la consulta que una experiencia traumática considerada a veces menor por el paciente deja huellas permanentes en su vida.

Describiré lo que he observado que ocurre en un ser humano al vivir sus traumas, desde el punto de vista de la conciencia. A mi modo de ver, estas experiencias son, junto con los tres venenos de la mente, la manera permanente en que el ser humano recibe sus propias toxinas, la mayoría de las veces más destructivas que las que vienen de afuera.

La primera conciencia, el cerebro físico, junto con su contraparte energética de la red etérica, codifica todo lo que la segunda vive. Este, con todas sus extensiones del sistema nervioso y de los sentidos corporales, le avisa al cuerpo mediante la activación de los sistemas de alarma que algo grave pasa, mediante taquicardia, sudoración, preparación para la lucha o la huida, entre otras, que son propias del sistema nervioso autónomo simpático. Los sentidos se activan totalmente y cada uno permite que el cerebro "grabe" sin limitación todo lo vivido y de manera simultánea.

La segunda conciencia, la de nuestra emoción, va por la vida con ganas de aventurar, de probar todo, de conocer todo, de desafiar a todos, cual adolescente. De pronto, se encuentra con una circunstancia que no puede controlar, que no le gusta, de una alta intensidad y que no puede procesar. La vive como una descarga de energía severa, que le hace conectarse con la experiencia, quiera o no, generándole un impacto muy grande que deja su marca. Estas tres actividades, descarga, conexión e impacto, ocurren casi de manera simultánea, sin importar lo larga o corta que sea la experiencia desfavorable, y de no ser adecuadamente procesada y superada por la segunda conciencia, involucra a la primera y la tercera.

Aquí aparece la tercera conciencia, esa del plano mental más profundo, o también llamada inconsciente.

Durante el procesamiento de una experiencia traumática, la segunda conciencia, que es la que vive el día a día, que es nuestra emoción y mente superficial, se da cuenta de que eso no le agrada y, si se debilita su propia identidad y siente que su libertad está en jaque, es apoyada por la tercera, donde está toda la reserva de conocimiento y experiencias para resolver, de la mejor manera, el proceso y seguir adelante. La tercera conciencia investiga, se cerciora, corrobora lo ocurrido y se involucra. Ve cómo están las otras dos conciencias y cómo están los sentidos y el cuerpo. Es dominante, fuerte, autoritaria y si ve que las otras conciencias tienen con qué, las obliga a enfrentarlo. Le recuerda a la segunda que fue la responsable de lo ocurrido y que debe asumir el precio de sus errores, por acción u omisión. Lleva a la segunda a que se sostenga por dignidad o por obligación y aunque no crea que puede, le tocará hacerlo. Esta tercera conciencia está estructurada en el ser como reserva para sobrevivir, y cuando ve que no es posible que las otras conciencias se hagan cargo, asume la vivencia y la guarda. En este caso, el proceso continúa, se genera el estrés postraumático y, para explicarlo, voy a valerme de un ejemplo.

Una noche, cuando transita por una calle solitaria, una mujer es víctima de una violación. Entonces, su sistema nervioso, por medio del cerebro, codifica totalmente lo que la segunda conciencia vive, pues se requiere presencia de estas dos conciencias para volverlo trauma. Empieza su acción mediante la *identificación* del hecho traumático de manera muy minuciosa, por medio de sus sentidos. Qué dolió, a qué nivel, dónde ocurrió, cómo era el lugar, quién es el culpable, cómo vestía, cómo olía, qué sabor me dejó, qué vi, qué oí, en fin, todo lo más detallado posible y, a cada pregunta, siempre responde la segunda conciencia. Todo, lo mínimo, lo grande, lo cercano, lo distante, todo lo recibe el cerebro. Este minucioso análisis lo ordena la tercera conciencia por supervivencia, para estar preparado por si vuelve a presentarse y así avisar ante la más mínima sospecha y evitar que ocurra de nuevo, así el cerebro archiva todo el expediente, para identificar al culpable y todos los hechos para nunca olvidarlo.

Esto, en primera instancia, libera a la segunda conciencia del trauma y siente un alivio transitorio, cree que puede vivir en bienestar y, aparentemente, olvida lo ocurrido. En el ejemplo, la mujer ha dejado codificado lo identificado de lo ocurrido en su primera y tercera conciencias, en lo profundo de ambas, y vuelve al mundo, intentando seguir adelante, pero, de pronto, los sentidos ven, escuchan, huelen o sienten algo similar o relacionado con el hecho, se lo muestran a la primera conciencia que reconoce lo que está ocurriendo y establece una *asociación* con una agresión que atenta contra el instinto de conservación, y prende de nuevo las alarmas; la tercera conciencia interviene y, para evitar cualquier nueva lesión, *clasifica* el riesgo y, si lo ve procedente, manda la orden de salir inmediatamente del lugar, y entonces la segunda conciencia *selecciona* cómo evadir o huir de la posible agresión. Esto es lo que se conoce como efecto postraumático.

Luego de esta asociación, el cerebro, programado por la segunda conciencia, se dedica a *seleccionar* o separar lo que es adecuado de lo inadecuado, que por supuesto está condicionado totalmente por lo ocurrido. Entonces, la mujer empieza a ver a los hombres como peligrosos, a las manifestaciones de fuerza en general como agresivas, al poder como algo inadecuado, etcétera. De manera posterior, la tercera conciencia puede tomar tres caminos distintos de acuerdo con su propia *clasificación*, que se basa en todas las experiencias anteriores. Uno de defensa: "Por mi seguridad, no me enamoraré. No permitiré que un hombre se me acerque; no creeré en lo que un hombre haga o diga". Otro puede ser el de ataque y venganza: "Enamoraré a los hombres y los castigaré". El tercer camino sería algo así: "Quiero poder perdonar, quiero volver a vivir con amor. Aprenderé de lo ocurrido y no culparé a los demás por lo que viví". Este último camino requiere que se deje actuar a la cuarta conciencia, al alma. El acompañamiento, apoyo y guía terapéutica adecuados son esenciales para lograrlo.

PARTE II

Adaptación y desintoxicación

Capítulo 4

Sistemas de desintoxicación

Si el vaso no está limpio,
lo que en él derrames se corromperá.
Quinto Horacio Flaco

Ya vimos que el cuerpo humano está asediado permanentemente por todo tipo de tóxicos, de origen externo e interno. Por eso, los sistemas naturales que tiene cada ser para desintoxicarse resultan esenciales.

Fases de la intoxicación

Toda intoxicación física tiene tres fases:
1. Exposición y absorción del tóxico.
2. Transporte y eliminación del tóxico por medio de los fluidos y tejidos del cuerpo.
3. Interacción con las células y los tejidos, generando sus efectos.

Ante la presencia del tóxico, esencialmente, el organismo intentará eliminarlo a toda costa antes de asimilarlo. Utilizará sus me-

canismos naturales para hacerlo de manera pronta y segura. Sin
embargo, ante la gran afluencia de tóxicos, el organismo es incapaz
de eliminarlos todos, motivo por el cual se acumulan en nuestros
tejidos, favoreciendo la enfermedad.

Homotoxicología

Es el estudio de las toxinas humanas. Investiga la acción de ciertas sustancias denominadas toxinas en los procesos fisiológicos y en
el mantenimiento de la propia salud. Su precursor es el doctor Hans
Heinrich Reckeweg, de origen alemán, nacido en 1905. Estudió Homeopatía en la Universidad de Berlín y allí investigó a profundidad
todos los principios homeopáticos que le sirvieron para desarrollar
sus novedosas hipótesis. Según sus descubrimientos, lo que llamamos
enfermedad es un conjunto de reacciones defensivas del organismo
que surgen como una lucha frente a las homotoxinas, tanto internas
como externas. Las sustancias que no son útiles para el cuerpo son
eliminadas normalmente mediante mecanismos naturales. En caso
de intoxicación, el organismo debe utilizar mecanismos específicos
de excreción, como la diarrea y el vómito. Si no es suficiente, o se re-
prime este mecanismo y continúa o aumenta la intoxicación, apare-
cerá la reacción, generalmente como proceso inflamatorio que podrá
presentarse con eccema o fiebre. De seguir su progresión, se pasa a la
fase de deposición, donde se acumula mediante verrugas o lipomas
(tumores benignos de grasa). Hasta aquí, la célula no ha sido tocada,
solo sus vecindades, pero, de continuar el proceso, se pasa a la fase
de impregnación, con una respuesta de alerta del organismo ante la
intoxicación, con alteraciones como el asma o la angina de pecho.
Si el proceso continúa, se llega a la degeneración, en formas como la
artrosis, cirrosis, tuberculosis o similares, que podría avanzar hasta
llegar a las neoplasias malignas, o sea, el cáncer. Lo importante es
que cuando el organismo se manifieste de manera natural para eliminar todos los tóxicos, tratemos de entenderlo en vez de bloquear
sus manifestaciones (con medicaciones sintomáticas generalmente),

para detener el avance de la intoxicación y la enfermedad. Los seguidores de esta estrategia médica emplean la homeopatía como base de sus terapias, acompañan al cuerpo y favorecen su desintoxicación.

Si tenemos el jardín de nuestra casa lleno de basura, pronto aparecerán insectos pequeños, medianos y grandes. Podemos atacarlos con insecticidas, pero contaminaremos más el terreno. Seguramente, los insectos morirán, pero el jardín estará más contaminado y la vegetación quedará en malas condiciones. Pasará un tiempo y llegarán roedores que seguirán destruyendo y alterando el jardín. Nosotros atacaremos entonces con sustancias más toxicas para acabar con ellos. Seguramente morirán con el tiempo, pero aparecerán animales mayores que van a comer carroña y tarde o temprano tendremos que destruirlos con acciones más agresivas, pero nuestro jardín ya estará casi destruido. Pues bien, desde el principio, lo ideal era retirar la basura y evitar las acciones agresivas y destructivas; si lo hubiéramos hecho desde el inicio, la solución era muy fácil; a medida que iba avanzando el problema, la solución también se hacía más complicada.

Los sistemas del organismo para la desintoxicación

Son órganos y sistemas dispuestos permanentemente para eliminar las toxinas, ya sean de origen interno o externo. Ellos conviven y sufren de manera estoica la permanente toxicidad y, gracias a ellos, el ser humano mantiene su equilibrio y bienestar.

Además, se sabe que si los desechos superan la capacidad del organismo de eliminar adecuadamente las toxinas, entonces, el cuerpo comenzará a saturarse progresivamente y el funcionamiento orgánico irá degradándose. La sangre se pondrá más densa, circulará en forma inadecuada, los desechos aumentarán. Si esta situación se prolonga, llega un momento en que las células, sumergidas en este pozo de toxicidad, dejan de recibir de manera adecuada el oxígeno y los nutrientes, favoreciendo la enfermedad.

A pesar de lo agresivo del agente tóxico, lo esencial para el equilibrio sigue siendo el organismo o como se conoce mejor, "el terreno", que no es otra cosa que el cuerpo humano, entendido como una unidad que integra a todos los sistemas y constituye el terreno donde se desarrolla toda la actividad de intercambio con las sustancias y agentes externos. Si bien es cierto que el contaminante produce el daño, es el terreno, el propio organismo, el que tiene la función de eliminarlo.

Hace unos siglos, Claude Bernard aseguró que lo importante era el terreno. Luis Pasteur aseguraba que lo importante era el agente, en el caso específico de la bacteria. Esta lucha marcaba dos posturas muy distantes. Una consideraba que había que fortalecer al organismo para que este hiciera el trabajo de manera adecuada y, a la otra, solo le importaba eliminar al germen externo como causante de la enfermedad. La hipótesis de Luis Pasteur predominó y generó toda la visión médica que aún persiste, donde se combate únicamente al agente externo. Antes de morir, Luis Pasteur rectificó, validando el terreno como lo esencial, aunque ya cuando lo dijo no fue tenido en cuenta.

Mi postura personal valida la importancia de las dos hipótesis; sin embargo, me enfoco primero en fortalecer el terreno y luego sí en el agente externo, cualquiera que sea. Por ejemplo, si el organismo está en equilibrio, con seguridad, tolera la exposición al frío al salir en la noche sin afectarse.

Veamos entonces algunos de los componentes de este terreno, que es el que tiene que enfrentar los tóxicos y eliminarlos. Estos son fundamentalmente el tejido de Pischinger, los riñones, el hígado, los intestinos, la piel, los pulmones y el sistema linfático.

El sistema de Pischinger está conformado por todo el contenido que rodea a las células, compuesto de agua y cantidad de nutrientes donde están presentes los capilares sanguíneos y las pequeñas terminaciones nerviosas, entre otros. Sirve para enviar el oxígeno y los nutrientes al interior de las células, para regular el equilibrio ácido básico, la cantidad de agua y electrolitos, así como para llevar los desechos celulares a la sangre o al sistema linfático. El agua, los antioxidantes, el masaje linfático, los ayunos, la terapia neural, la homotoxicología, los limpiadores iónicos, la terapia con poliedros, el ejercicio, la risa, entre otros, ayudan a que este sistema haga su funciones.

El riñón es el órgano encargado de filtrar permanentemente la sangre y eliminar una gran cantidad de residuos a través de la orina, sobre todo los que tienen que ver con el nitrógeno. Adicionalmente, regula el nivel de electrolitos frente a los líquidos para mantener nuestro mar interno en condiciones adecuadas para que sobrevivan todas las células. El agua, los ayunos hídricos, la fitoterapia, los ácidos grasos omega 3 purificados, el arándano, la cromoterapia, la imposición de manos, entre otros, ayudan a este órgano esencial.

Podríamos llegar a eliminar el 30% de las toxinas mediante la eliminación del sudor por los poros de la piel. Por eso, es esencial tener la piel limpia y en buenas condiciones, para permitir la sudoración que nos libera de muchos de los venenos que tenemos en el cuerpo. La limpieza de la piel, la ionización, la sauna, el ayuno, la hidroterapia, los masajes, y el ejercicio son esenciales para su funcionamiento.

Otro órgano clave es el hígado. Es el gran depurador del organismo. Tiene la función de filtrar la sangre procedente del intestino, depurándola. Es capaz de secretar gran cantidad de bilis, sustancia encargada de favorecer la digestión, la absorción de ciertas vitaminas, y metabolizar el colesterol, entre otros. También tiene actividad metabólica, guardando la reserva de azúcar, nuestra fuente de energía inmediata, y elaborando distintos compuestos esenciales para desintoxicar, como es el glutatión. Almacena además vitaminas y hierro, y forma casi la totalidad de las proteínas que están en la sangre. También posee las células de Kupffer, macrófagos que son capaces de ingerir y digerir gran cantidad de parásitos, bacterias, virus y macromoléculas, por lo que actúa como una barrera para las toxinas y todos los microorganismos que vienen del intestino. El estar contentos, los ayunos, las esencias de flores, las limpiezas del colon, los antioxidantes, la fitoterapia, entre otros, favorecen sus funciones vitales.

El sistema linfático es una extensa red de tubos diminutos que drena el líquido linfático y una de sus funciones principales es la eliminación de residuos tóxicos. Este fluido es empujado a lo largo de los capilares cuando la persona respira o hace contracción muscular y tiene muchas aberturas que permiten que los gases, el agua y los nutrientes se filtren a las células circundantes, llenándolas de nutrientes y recogiendo todos los productos de desecho. Todo el líquido intersticial que va por los vasos linfáticos se devuelve al torrente sanguíneo, vaciándolo al sistema venoso en la parte superior del tórax cerca del cuello. También tiene la gran función de destruir las bacterias y los virus, eliminándolos del torrente sanguíneo. Los masajes, el ayuno, el ejercicio, la hidroterapia y la cromoterapia son algunos de sus grandes aliados.

Tal vez el más obvio de todos los órganos de eliminación es el tubo digestivo, especialmente el colon y el recto, que eliminan todos los desechos mediante la materia fecal. Le debemos mucho al intestino grueso, que se encarga de manejar nuestra basura, haciendo un excelente trabajo.

Es necesario tener de una a dos deposiciones al día para tener un sistema adecuado de eliminación. La función principal del intestino grueso es concentrar y almacenar todos los desechos sólidos y volverlo heces para ser excretados.

El alimento pasa más tiempo en el colon que en ninguna otra parte del tubo digestivo; este tiempo puede oscilar, dependiendo del tipo de alimento y de cada persona, entre unas horas, aproximadamente nueve, hasta varios días.

El agua, la fibra, los probióticos, la respiración adecuada, la colonterapia, el ayuno y varios tipos de dietas, la terapia neural, la homeopatía, las esencias de flores, entre otros, le dan una muy buena ayuda para cumplir sus funciones.

Otros órganos de eliminación son los pulmones, cuya función es absorber el oxígeno que las células necesitan para vivir y llevar a cabo todas sus funciones normales, y expulsar el dióxido de carbono o CO_2, que es un producto de desecho de las células del cuerpo. Además, elimina toxinas por medio de las secreciones mucosas. El ayuno, la práctica de yoga, los ejercicios respiratorios, los antioxidantes, las esencias de flores, así como la ionización, son muy buenos ayudantes para su trabajo.

En el capítulo de antioxidantes, veremos que algunas moléculas, así como las enzimas, los minerales y las sustancias esenciales, también, tienen la función de combatir y eliminar los tóxicos.

Toxicidad en la energía

El campo energético humano trasciende varios centímetros de la materialidad física y está expuesto permanentemente a todas las radiaciones y emisiones electromagnéticas de la Tierra, de toda la tecnología humana y de los demás seres vivos.

La contaminación por la radiación natural es mínima. La contaminación por la radiación electromagnética es permanente. Las emisiones de los demás seres vivos afectan permanentemente, y los niños son los más vulnerables. La emisión más poderosa es la que viene de las personas con las que nos une el afecto. Por ejemplo, un ser humano soberbio, agresivo y arrogante tiene una acción invasiva sobre el campo de los demás, agrediéndolos con su energía, especialmente a los más cercanos.

El campo energético elimina las toxicidades a través de un mecanismo que podríamos llamar de intercambio y equilibrio. Cada vez que el campo energético tiene contacto con algún tipo de expresión energética, genera un intercambio en ambas direcciones, como ocurre a través de las membranas celulares, pero de una manera mucho más sutil.

Para entender mejor este tema, haré una rápida explicación de los movimientos de la energía en el campo energético humano.

La energía siempre está en movimiento, así como la vida misma. El movimiento fundamental se hace de manera rotatoria, a favor de las manecillas del reloj, tanto en cada parte, como en todo el ser. Tiene ritmo, frecuencia y fluidez sostenida y armónica, porque cumple con el mismo desarrollo de la vida, trabaja en él, elabora el desarrollo, procura la estabilidad y lo conveniente para el cuerpo. Así, normalmente, lo que se necesita, lo que se tiene, lo que se toma y lo que se abandona y sus porciones se hacen de manera equilibrada. Este movimiento de procesamiento de información permanente se ha llamado *procesal* o de procesamiento. Si hay alguna alteración, aparecen tres tipos de movimiento. El *residual,* que ocurre como rechazo a un cuerpo extraño, a una energía tóxica, un hábitat inadecuado, al encuentro con una persona. La energía rota en una dirección y luego invierte su rotación, mostrando que está rechazando algo. Es el malestar subjetivo de enfermedad o tensión psíquica que no puede ser determinado por los exámenes médicos. Puede manifestarse con temor, incertidumbre, desgano, desaliento, incomodidad, inconformidad, etcétera. Puede aparecer además el movimiento de *contracción,* que al igual que el residual, rota en una y luego en otra dirección, con igual ritmo que el procesal, solo que aumenta su velocidad en grado sumo, generando la contracción del campo de energía. Ocurre como estrategia de supervivencia, en momentos considerados de máximo riesgo, como puede ser un dolor severo, o el miedo en su máxima expresión. La contracción se convierte en escudo de protección como instinto para conservar la vida, corriendo el riesgo de "asfixiarla". La tercera conciencia ordena este movimiento, y la segunda, que es como mantenemos generalmente nuestro contacto con el mundo, puede quedar inhibida, dejando la sensación de deshabitarse, de no estar el ser en su propio interior. El último movimiento es de *suspensión*, que es como el anterior, solo que la velocidad es extremadamente lenta. Puede encontrarse en casos de estado vegetativo, locura, parálisis local o total, depresión profunda, bipolaridad, colapsos, falla multisistémica, ausentismo, entre otros.

Si el movimiento procesal toma el camino adecuado, puede tener tres movimientos más. El primero es el de *acoplamiento*, que se hace en espiral, beneficia el equilibrio y capacita todas las probabilidades. Se amolda a todo. Es ascendente y descendente, a lo largo del cuerpo, siempre con ritmo armónico. Acondiciona lo interno con lo externo y lo externo con lo interno. Los sabios antiguos lo llamaban el movimiento del mago, porque es el seductor de todos los movimientos, amoldándose a todos.

Existe un movimiento superior o *configurativo*. Así se llama porque configura la superación, el auxilio, es el restaurador. Corresponde a la esfera de energía, que se ubica en la cabeza, que todos tenemos a manera de casco, solo que no siempre en equilibrio, tal vez solo por eso se les dibuja solo a seres muy especiales (aureola). Su movimiento es de traslación alrededor de la cabeza; puede afectarse, entre otras cosas, por los deportes extremos y alterar la coherencia con el propósito y el sentido propio de la existencia. El último movimiento favorable es el de la *expansión*, de naturaleza rotatoria, con expansión sin límites, siguiendo la espiral. Presente con ritmo y cadencia adecuada, influye muy favorablemente en la capacidad intelectual, la intuición, la percepción elevada, la sabiduría, la clarividencia; por eso, es el movimiento benefactor de las virtudes. En la expansión, se encuentra el camino de la evolución espiritual.

Además, es bueno decir que toda la energía de los seres vivos pulsa de manera suave y armoniosa entre la contracción y la expansión ligeras, cuyo ritmo y compás está dado por el corazón, mostrando el equilibrio. Sin embargo, si hay arritmia o taquicardia, la energía se contrae para proteger sabiamente la vida.

Si hay alteraciones del plexo solar, predomina la expansión en el compás, aunque no de manera exagerada. Cuando hay enfermedades de la cabeza, hay contracción seguida de una expansión acelerada, perdiéndose el compás rítmico. Con problemas de huesos, o en enfermedades de la medula ósea, como la leucemia, esta se contrae y se expande cada vez más lento, el eje central que hay a lo largo de la columna vertebral queda levitante, llevando a que todo en el ser se lentifique, hasta su mínima expresión, como el habla y la marcha, entre otros.

Limpieza de radiaciones

Las radiaciones electromagnéticas permanentes tienen su propio ritmo y tipo de movimiento y pueden afectar el campo de energía. Si son muy lentas, como las de las radiaciones ionizantes, se acumulan fácilmente; por esto, el cuerpo produce el movimiento residual y busca la ayuda de la naturaleza para ser retiradas, para retornar a su proceso y mantener el equilibrio. La ducha, el contacto con árboles, las zonas de iones negativos, el caminar descalzo son algunos de estos mecanismos. Algunas radiaciones no ionizantes son tan sutiles que no alteran el campo, pues no encuentran resistencia, mientras que otras, las derivadas de la tecnología moderna, de manera gradual, día tras día, se van acumulando, hasta que saturan el sistema. Si no hay un lugar de la naturaleza, sobre todo con tierra, donde descargar, el campo energético las lleva al cuerpo físico y se expresan como síntomas que buscan la eliminación. Pueden ser dolores, cansancio, malestar que requiera reposo, o limpiezas por medio del agua, como el sudor o la diarrea. Al dormir, si hay baja contaminación electromagnética, en la expansión natural del campo, se puede liberar esta contaminación en el ambiente. Estas contaminaciones también pueden eliminarse mediante el agua.

En la emoción

Se hace a través de tres mecanismos de desintoxicación. Uno es la expresión, otro es la transformación y otro es la integración. La expresión es el mecanismo más natural para desintoxicar la emoción; puede ser de manera directa, al expresar la emoción específica (rabia, miedo, ansiedad, tristeza). El llanto, que incluye un cambio en la respiración diafragmática, y la eliminación de la sobrecarga emocional mediante las lagrimas, así como el agua de la lluvia, purifica un ambiente durante la lluvia, deja un bienestar posterior. La expresión por medio de gritos y/o gemidos también es liberadora. Además de la expresión verbal y del llanto, la escritura y cualquier forma de expresión artística pueden lograr el mismo resultado beneficioso para la persona.

Sin embargo, la expresión no siempre es favorable para el entorno y si no se dirige adecuadamente, genera alteraciones en las relaciones con los demás. Es bueno pensar que el tóxico que nos afecta no debe ser eliminado para envenenar a otros.

El segundo mecanismo es la transformación: utilizar la energía de la emoción tóxica y emplearla en alguna actividad que no genere lesión a otra persona ni al entorno. Por ejemplo, salir a hacer ejercicio con ira aumenta el esfuerzo y hace que esta energía del malestar sea agotada en otro fin. También, es natural cambiar diversos malestares por risa, hasta el dolor, como cuando nos caemos al suelo. Lo importante es que luego, al ser consciente del evento, no busque devolverse al estado de toxicidad anterior. Es que reírse de todo es de tontos, pero no reírse de nada es de estúpidos, como diría Erasmo de Rotterdam.

El tercer mecanismo de desintoxicación del sistema emocional se llama integración. Esa emoción es conocida directamente por la persona y puede ser integrada. Entonces, ocurre que la agresividad la vuelve asertividad. Esto es inherente a nuestra naturaleza humana, solo que no siempre hacemos uso de este valioso mecanismo. Tenemos la capacidad espontánea de integrar ciertas informaciones y crecer con ellas; así, podemos transformar el miedo en coraje, la sensación de incapacidad en motivación de aprendizaje, el dolor emocional en servicio. Este mecanismo, aplicado de manera consciente, favorece el crecimiento personal de tal manera que evita la intoxicación mental casi por completo, sin importar el origen de la emoción negativa.

La mente

La mente también tiene tres mecanismos para liberarse y desintoxicarse.

Primero, mediante la solución del problema; segundo, a través de la reflexión y tercero, mediante el servicio. Aunque la mente generalmente busca olvidar, se engaña permanentemente, y utiliza la evasión o el aislamiento, estos mecanismos no desintoxican; por el contrario, profundizan el tóxico en el interior.

El primer mecanismo, la solución del problema, hace que un individuo solucione algo que inquieta a su mente, incluso hasta un grado obsesivo. La solución puede ir desde intentar recordar algo, resolver algún problema matemático o un acertijo. En cualquier caso, cuando la mente divaga hasta cansarse sin encontrar la respuesta, puede presentarse fatiga, tensión y sobrecarga, que solo se liberarán hasta que se encuentre la solución. A la mente le gusta conquistar, triunfar y vencer; entonces, cualquier problema puede ser tomado como un reto y resolverlo es suficiente para quitar el malestar.

La segunda forma de desintoxicación es la reflexión. Esta es una actividad mental consciente que busca relacionar conceptos de nuevas maneras para actuar de alguna manera específica y/o alcanzar nuevas conclusiones. Así, este mecanismo natural puede ayudar a desintoxicar la mente cuando esté sobrecargada.

La tercera forma, y la más importante, es a través del servicio.

La mente puede sanar el dolor y retirar en gran medida la toxicidad, mediante una actitud real y desinteresada de servicio. Es renunciar a su propio bienestar para evitar que otros sufran. Generalmente, a esta persona ya no le importan sus dificultades, ni siquiera las que conlleven peligro, no aspira a encontrar soluciones para sí misma, no por resignación, sino porque la atención está puesta en solucionar las dificultades de otros. Entonces, hace sus tareas al máximo, renuncia al presente y trabaja para el futuro que se da por hecho, aunque no esté para disfrutarlo. Es la persona que inicia una fundación, se da por completo al amparo y protección de los demás, se vuelve auxiliadora y se dedica a servir.

Es bueno decir que si se vive un impacto mental severo y es contenido adecuadamente por los cercanos o por terapeutas, esta persona nunca llegará a sufrir una toxicidad mental importante ni sus efectos, pues elaborará su duelo de manera adecuada y, a pesar de que tenga dolor emocional, podrá superar su sufrimiento de manera óptima.

Capítulo 5

Ayuno

De todos los animales de la creación,
el hombre es el único que bebe sin tener sed,
come sin tener hambre y habla sin tener nada que decir.
JOHN ERNST STEINBECK

Esta herramienta totalmente natural, realizada de manera consciente, es un camino seguro para lograr la limpieza corporal, la descontaminación mental, encontrando salud y bienestar. Ha sido practicado con éxito desde la Antigüedad por millones de personas. Sin embargo, es bueno conocer los caminos posibles para llevarlo a cabo de una manera adecuada y segura.

EL AYUNO

El ayuno es la supresión de la ingesta de cualquier tipo de comida durante determinado periodo de tiempo. Consiste en permitir un descanso a todos los sistemas de asimilación (especialmente al tubo digestivo), para posibilitar que los sistemas de eliminación liberen todos los tóxicos. Es una práctica ancestral y ha sido observada también en las especies animales que, durante ciertos periodos de su vida, dejan de ingerir alimentos sin causa aparente, aunque también lo hacen cuando tienen alguna enfermedad o se encuentran heridos. Además de la búsqueda de la desintoxicación del organismo para mejorar la salud y/o bajar de peso, el ayuno es una práctica común por motivos religiosos y hasta como método pacífico de persuasión y protesta como es el caso de la huelga de hambre. Es importante diferenciarlo de la anorexia nerviosa, que es un trastorno alimenticio donde se rechaza la ingesta de alimentos por temor a subir de peso, causado por una alteración de la autoimagen corporal.

Tipos de ayuno

Se pueden clasificar según el contenido y el tiempo. Si no se consume ningún tipo de alimento, se llama completo o total; si solo se toma agua e infusiones de hierbas, hídrico; y cualquier otro ayuno donde se consuman algunos alimentos, se llama parcial y se especifica el tipo. Por ejemplo, ayuno con líquidos, pues se consume agua además de otros líquidos, como infusiones de hierbas, caldos, o zumos; ayunos con frutas, etcétera. Estos tipos de ayunos, cuando permiten el consumo de un solo tipo de alimentos, se llaman también monodietas.

Según el tiempo, los ayunos pueden ser de corta, media o larga duración. Los de corta duración son menores de tres días (setenta y dos horas), los de media hasta los veintiún días, y de veintiún días en adelante son de larga duración.

El ayuno total *no* puede pasar de tres días y ningún tipo de ayuno debe pasar de cuarenta y dos días, pues se corre el riesgo de afectar seriamente la salud y pueden incluso llegar a ser mortales.

¿Qué le ocurre al cuerpo en el ayuno?

Con el ayuno hídrico, al evitar el consumo de comida y, por ende, de calorías (energía), el cuerpo utiliza las reservas para suplir las necesidades básicas para enfrentar el día a día. Tenemos tres tipos de nutrientes como reservas de energía: los carbohidratos, las grasas (lípidos) y las proteínas. Su gasto y el equilibrio corporal han llevado a los investigadores modernos a definir tres fases diferentes del ayuno. La primera dura de un día a un día y medio, y se consumen mil doscientas calorías provenientes de la glucosa. Algo similar a lo que se gasta en un partido de fútbol intenso de noventa minutos. El cuerpo busca conservar la glucosa, que es esencial para el cerebro, y no comprometer sus proteínas. La segunda fase dura cuarenta días y consume cien mil calorías provenientes de las grasas y de algunas pocas proteínas. Se producen cuerpos cetónicos, que son un producto de las grasas que mantienen la energía para el cerebro y el resto del cuerpo. La tercera fase marca el límite del ayuno, pues se pueden consumir proteínas esenciales.

Pondré el siguiente ejemplo para ilustrarlo mejor. Si una empresa que recibe sus ingresos de las ventas de sus productos decide hacer una remodelación interior, retirar todo lo que no sirve, además de capacitarse y organizarse para cumplir mejor sus funciones, pero mientras se lleva a cabo este periodo de reorganización, deja de vender sus productos, entonces, deberá sacar de sus propios recursos para cumplir con todas sus necesidades. Primero, gastará el dinero de la caja menor, que es el equivalente a los carbohidratos; luego, el de las grasas, que sería el que está guardado en los bancos. Si tiene que vender propiedades y alterar su patrimonio, el proceso pone en riesgo a la empresa, lo que ocurre igual en el cuerpo si gasta sus proteínas. Si el cuerpo consume el 50% de sus proteínas, esto lo lleva a la muerte, cosa que podría ocurrir en un ayuno de cuarenta y dos días o más.

Hambre

Una de las preguntas más comunes en las personas que van a iniciar un ayuno es: "¿Me moriré de hambre?". La respuesta tiene pocos sis y muchos no. La verdad, el primer día, el hambre suele ser alta, máxime por todas las expectativas que se generan al respecto.

El segundo día disminuye, aunque no desaparece. El tercer día, por lo general, es el de mayor hambre, cuando se va a empezar a usar la energía de las grasas. El cuarto día disminuye y el quinto puede aumentar a niveles normales. Después decrece mucho, casi hasta desaparecer luego del décimo día. Es común que cueste trabajo reiniciar la dieta normal luego de ayunos largos, porque los últimos días se siente repugnancia por la comida.

SÍNTOMAS FÍSICOS

- Mal aliento que dura viarios días y luego decrece. Requiere de buen cepillado, hilo dental y gargarismos.
- Dolores de cabeza que aparecen por algunos días y que se pueden manejar con compresas frías.
- Mareos de corta duración, sobre todo, ante esfuerzos físicos, por lo que se recomienda disminuir la intensidad de las actividades.
- Mal olor corporal, del sudor, de la deposición y de la orina, que podrá durar varios días, dependiendo de lo que nuestro organismo necesite eliminar. El buen aseo personal es esencial.
- La energía se baja los primeros cinco días, incluso con algo de embotamiento y sensación de pesadez. Luego del quinto día, mejora de manera evidente y del décimo día en adelante, se siente un vigor desconocido y una gran claridad mental.
- Los ayunos hacen perder peso. Los cortos generalmente representan pérdida de líquidos; los medios y largos de grasa corporal, hasta cerca de cuatrocientos miligramos de peso por día, en personas con sobrepeso. Sin embargo, las personas delgadas pueden pasar un ayuno sin perder mucho peso.

CONTRAINDICACIONES

No deben ayunar los pacientes con infarto cardíaco reciente, insuficiencia cardíaca, renal o hepática, tuberculosis avanzada, diabetes tipo I, o desnutrición, ya que necesitan seguir un programa dietético adecuado para su enfermedad, preferiblemente dirigido por un terapeuta capacitado. En caso de toxicidad severa, es mejor hacer solo ayunos hídricos cortos o ayunos parciales, para evitar que la respuesta del cuerpo sea muy severa. Los pacientes con cáncer pueden beneficiarse del ayuno; sin embargo, pueden presentar reacciones corporales más evidentes, como fiebre alta o secreciones corporales abundantes, por lo que es necesario el apoyo profesional cercano.

Signos de alarma para suspender el ayuno

El ayuno debe suspenderse ante cualquier signo que nos haga pensar que la vida está en peligro, como cuando la debilidad lleva a la postración progresiva. También, si la temperatura baja más de un grado. Es ideal tomarse la temperatura cada día al despertar. Lo natural es que la temperatura descienda medio grado entre el segundo y el tercer día y se mantenga así; sin embargo, más de un grado de disminución no es recomendado para la salud. Por el contrario, la fiebre no debe ser motivo de preocupación y se puede manejar con medios físicos.

El pulso cardíaco suele bajar en su frecuencia a medida que pasan los días; es importante controlarlo cada día. Es natural que la frecuencia cardíaca medida en el pulso aumente un poco por algún esfuerzo físico; sin embargo, si hay alteraciones en el ritmo o taquicardia persistente o si se baja tanto que corra riesgo de desvanecimiento, es ideal suspenderlo.

Las alteraciones de la conciencia también son una indicación de terminar el ayuno. Además, si hay retención de agua en las extremidades o el abdomen, es importante revisar la función del riñón y el nivel de proteínas en la sangre. Por último, si hay estreñimiento que no cede al uso de supositorios y enemas intestinales, es mejor desistir del ayuno.

Beneficios

El ayuno bien llevado tiene múltiples beneficios para la salud y el bienestar. Es el método que pide el cuerpo para desintoxicarse, para sacar los desechos del interior de las células, aprovechando que no hay ingreso de tóxicos al cuerpo durante este periodo. Es un limpiador del tubo digestivo y retira residuos acumulados por mucho tiempo en el colon. También limpia la sangre, el riñón y el hígado, que por lo general están muy llenos de tóxicos. Permite bajar de peso rápidamente, en parte proveniente de líquidos retenidos y de la grasa corporal. Renueva la piel y el cabello, dando un aspecto de rejuvenecimiento evidente, así como los órganos de los sentidos. Es un tónico cerebral benéfico en todo sentido; mejora la vitalidad y favorece la circulación, logrando incluso disminuir la presión arterial. Y, por último, ayuda a encontrarse con uno mismo, favoreciendo la depuración de toxinas mentales y emocionales, así como el encuentro del mundo espiritual.

Recomendaciones

- Es bueno hacer el ayuno acompañado y guiado por un terapeuta con experiencia para sobrellevar cualquier dificultad, en caso de que se presente. Si bien es cierto que algún amigo o familiar cercano debe estar enterado del ayuno, considero innecesario comentarle al grupo social que está en ayuno porque generalmente buscarán maneras de alejarlo de él, por desconocimiento o temor ante esta práctica.
- Si no tiene ningún tipo de contraindicación médica, tome toda el agua que pueda, lo que atenuará el hambre de los primeros días, le ayudará a eliminar las toxinas más rápidamente, y evitará el estreñimiento.
- Siga consumiendo sus medicamentos durante el ayuno, pero tenga en cuenta que puede bajar su presión arterial y la glicemia. Es bueno medirlas y regular la medicación en caso de ser necesario.

Vale la pena aclarar que un paciente con diabetes tipo II, sí puede realizar un ayuno hídrico supervisado.

- La entrada al ayuno y la salida de este debe hacerse de manera gradual durante dos a tres días, desde y hacia una dieta con abundantes frutas y verduras, con poca o ninguna proteína animal y sin frituras, café, alcohol y cigarrillo, lo que evitará todo tipo de molestias, sobre todo digestivas.

- Si nunca ha hecho un ayuno, la primera vez, realice solo un ayuno corto y días después pase a uno de una semana, antes de pensar en alguno de mayor duración. Realice también un ayuno parcial (como el que describiré a continuación) antes de pasar a uno hídrico.

- Si hace ayuno hídrico de una semana o más, es necesario tomar vitamina C y complejo B mediante infusiones o tabletas para evitar enfermedades carenciales. Estas vitaminas ni se producen ni se acumulan en el cuerpo; por tanto, necesitamos consumirlas porque no tenemos reservas.

- Observe bien su cuerpo y no sobrepase sus propias limitaciones. Además, recuerde que *siempre* debe buscar consejo y ayuda calificada.

- Aproveche el tiempo para encontrar su mundo interior donde solo "habla" el silencio.

Ayuno parcial

Mañana: agua, jugos de frutas, té de plantas medicinales (todos sin endulzar de ninguna manera).

Mediodía: frutas o sus jugos, o extractos de hortalizas, sopa de vegetales, ensalada de vegetales crudos o cocidos, agua.

Tarde: agua, jugos de frutas, té de plantas medicinales (manzanilla, menta, toronjil, etcétera).

Noche: caldo de vegetales, ensalada de vegetales, o frutas y agua. La última comida del día debe ingerirse entre las seis y las ocho de la noche y, la primera del siguiente día a las doce, al mediodía, a la hora del almuerzo.

Todo el día: tomar ocho vasos de agua, preferiblemente destilada y a temperatura ambiente. Las frutas y las hortalizas no deben combinarse en la misma comida y deben ser naturales y frescas, no deben ser enlatadas, ni pasteurizadas. No ingerir leche, ni productos lácteos. Aderezar las ensaladas con aceite de oliva, limón y muy poca sal.

Capítulo 6

El agua

El agua es el elemento y principio de las cosas.
Tales de Mileto

En la vida humana y planetaria, todo fluye y está compuesto de agua. El agua es la fuente de la vida misma, por eso, la metafísica y las ciencias naturales se interesan por igual en ella.

En el lenguaje escrito de la China, la palabra mar está formada por tres partes agua, hombre y madre. Lo anterior equivale a decir que el mar es la madre de la humanidad.

Desde la Antigüedad, el agua personifica el mundo místico, el centro de atención de la humanidad. Ahora es observada con asombro por la ciencia moderna por todos los medios posibles, pero no acaba de comprenderla. Por ejemplo, se sabe que está compuesta por dos gases que, al unirse, se convierten en un fluido, lo que no ocurre con otras asociaciones similares. Esto se debe a que las moléculas individuales de agua se encuentran con otras similares y, al unirse, forman grandes estructuras efímeras, y esto le permite fluir. Aparecen para formarse y volver a disolverse de manera muy rápida, conservando un orden temporal, lo que nos da la evidencia de que el agua tiene memoria, que puede guardar información.

En el agua también ocurren condiciones contrarias a las leyes de la física que sí rigen el comportamiento de otros compuestos. Generalmente, al aumentar la temperatura de una sustancia se dilata y al disminuirla se contrae, aumentando su densidad. El agua en cambio es menos densa y pesada a menor temperatura, lo que hace que flote en su superficie como hielo, al tiempo que aumenta su tamaño. Algo que observamos con facilidad en al agua colocada en las cubetas del congelador, o en los lagos, que se congelan de arriba hacia abajo.

Esta sustancia esencial y misteriosa es el agente más importante para la desintoxicación del cuerpo físico y, por eso, es necesario conocer dónde y cómo funciona en nuestro cuerpo y salud.

EL AGUA EN EL CUERPO

En el caso del ser humano, un bebé está compuesto de un 75% de agua, aun mucho más en el embrión, llegando a un 60% en el hombre adulto, y en la mujer a un 50%, disminuyendo cada vez más en la vejez y se agota en la muerte. Sin duda, es el elemento principal en la composición del cuerpo humano. En condiciones saludables, esta proporción se mantiene gracias al ajuste de los ingresos y las pérdidas de agua junto con los de otras sustancias y nutrientes. Los ingresos vienen del agua tomada por vía oral, la contenida en los alimentos y una fracción menor resultante de la oxidación de los principios inmediatos en el organismo, que son los compuestos químicos más sencillos a los que se reducen los alimentos que tomamos a través del proceso digestivo (carbohidratos, grasas y proteínas). Las pérdidas se producen principalmente por la orina, la evaporación (sudor y respiración) y la materia fecal.

En cuanto a su distribución, el agua corporal está repartida en dos sistemas:

• En el interior de las células (aproximadamente el 63% del total).

- En el exterior de las células (el 37%). De esta cantidad, el 27% corresponde al líquido intercelular, el 3% al agua transcelular y el 7% al plasma.

Según los doctores Davidson y Passmore, el cuerpo de un hombre de sesenta y cinco kilos contiene unos cuarenta kilos de agua, de los que el 62,5% se encuentra en el interior de las células y el 37,5% en el espacio extracelular.

Por otro lado, según Felicísimo Ramos, doctor en química y física, en un humano adulto, es agua:
- El 84% de los tejidos nerviosos.
- El 73% del hígado.
- El 71% de la piel.
- El 60% del tejido conectivo.
- El 30% del tejido adiposo.
- El 99% del plasma, la saliva o los jugos gástricos.

El agua en todas sus formas siempre está activa y presenta fluidez. El agua estancada en el cuerpo es para el desecho o se considera inadecuada.

FUNCIONES DEL AGUA

Además de refrescar, humectar y evitar la deshidratación tan grave para la salud, el agua tiene múltiples funciones. En ella pueden disolverse casi todas las sustancias, y se llevan a cabo prácticamente todos los procesos destacables de intercambio y transformación necesarios para la consecución de energía. Entonces, sirve para disolver los alimentos que comemos para que podamos absorber sus nutrientes. Además, es un medio de transporte efectivo e insustituible; circulando por todo el cuerpo, lleva oxígeno y alimentos diluidos a todos los órganos responsables de su eliminación y transporta el CO_2 hasta los pulmones, para intercambiarlo por oxígeno. Su función esencial de limpieza depende de la cantidad y calidad del agua que se bebe.

Ayuda a mantener la estructura y la arquitectura celular de nuestro cuerpo. A manera de "pegamento", el agua une las estructuras fijas dentro de la membrana celular. Sin suficiente agua, las células se secan a mayor o menor velocidad, en mayor o menor grado, alterando además sus funciones vitales. Asimismo, el agua regula la temperatura corporal.

Mediante el líquido cefalorraquídeo, mantiene flotando el encéfalo, a manera de colchón o amortiguador, dentro de la sólida bóveda craneal, atenuando, entre otras cosas, los golpes. También ayuda a estabilizar y proteger las articulaciones mediante el líquido sinovial.

Cabe añadir que en medios líquidos con mayor concentración de agua, las proteínas y las enzimas, entre otras moléculas, funcionan mejor que en medios más espesos.

HIDROTERAPIA

La hidroterapia es una herramienta de las terapias naturales que emplea el agua de manera externa, logrando ejercer presión sobre el cuerpo mediante baños simples de algunas partes del cuerpo o baños totales. Estas acciones localizadas actúan en la piel, en la circulación sanguínea y el sistema nervioso. Hipócrates, el padre de la medicina, la utilizaba y recomendaba los baños de vapor, las compresas húmedas calientes de agua dulce o de mar y las bolsas de agua caliente, entre otras que siguen muy vigentes en todos los rincones del mundo.

Gracias a la gran capacidad del agua para almacenar y transmitir estímulos térmicos (frío-calor), provoca respuestas locales y generales del organismo en la circulación sanguínea, primero superficial y por estímulo del sistema nervioso a la circulación profunda y a las vísceras y músculos. Este estímulo favorece la respuesta natural de adaptación y equilibrio que tiene el cuerpo, que es una estrategia de muy fácil aplicación y rápidos efectos. Este efecto no es igual cuando se aplican otros elementos terapéuticos a la piel.

Si aplicamos agua fría en una zona determinada del cuerpo, inicialmente se produce la llamada "piel de gallina", que reduce el flujo sanguíneo de forma espectacular, pero luego se produce una reacción de calor que estimula enormemente la zona. La acción circulatoria del agua depende también de la temperatura de esta, ya que cuanto más alejada esté de la temperatura corporal (siempre que no nos queme o nos congelemos con ella), mayor será la efectividad de la terapia circulatoria.

Mejorando la circulación en los pies, se pueden mejorar unas varices, o mejorando la circulación en el bajo vientre, podemos mejorar unas menstruaciones dolorosas crónicas.

Hay que tener en cuenta que nunca se deben emplear aplicaciones frías si el cuerpo está frío; antes, es necesario calentarlo con alguna otra técnica. Después de la aplicación fría, se debe entrar en calor mediante el secado, el abrigo o el ejercicio.

Las aplicaciones calientes deben terminar siempre con una aplicación fría de corta duración que provoca una vasodilatación reactiva, reforzando el efecto en la circulación producido por el agua caliente. Nunca se deben realizar inmediatamente antes o después de las comidas.

La sensación vigorizante que experimenta nuestro cuerpo tras una aplicación hidroterápica debe ser siempre agradable y sin sensaciones desagradables, como palpitaciones, mareos o sensación duradera de frío. Esto significaría una mala adaptación del sistema circulatorio y la aplicación debe interrumpirse. Es por eso que no se recomienda en personas de edad muy avanzada, o en pacientes con enfermedades cardíacas severas, así como personas con disnea importante (dificultad para respirar). En el caso del cáncer, hay estrategias específicas que pueden ser útiles como ayuda terapéutica.

La hidroterapia revitaliza, favorece la acción del sistema inmune, ayuda a la circulación, a controlar el dolor, a limpiar la piel y a eliminar toxinas por esta vía. Los baños calientes se utilizan, por ejemplo, para tratar trastornos como los dolores articulares y menstruales, las jaquecas o el nerviosismo en general. Los fríos para activar zonas del cuerpo, así como para aliviar la inflamación en el primer día después de un traumatismo, entre otros.

El uso de chorros a presión une las propiedades del agua y las del masaje. Existe además la hidroterapia del colon, que veremos en otro capítulo.

EL AGUA EN LA SALUD

Se sabe que el consumo de agua de buena calidad en cantidad adecuada es esencial en el proceso de desintoxicación, porque ayuda a todos los sistemas naturales de eliminación a que cumplan su función de la manera correcta. Al pulmón, a eliminar mucosidad, al riñón toxinas, combate el estreñimiento, entre otras ayudas más. Para el investigador norteamericano Fereydoon Batmanghelidj, en muchas ocasiones, el cuerpo no está enfermo sino "sediento". Según él, una deficiencia de aporte de agua al organismo podría ser un factor desencadenante, o por lo menos coadyuvante, de diversas patologías, como la dispepsia y la úlcera gástrica, el reumatismo articular, los dolores lumbares, la hipertensión, las alergias, las migrañas, las enfermedades coronarias, entre muchas más.

El Instituto del Agua de Francia, en diversas investigaciones científicas, encontró que el consumo adecuado de agua mejora la circulación arterial y previene así las enfermedades cardiovasculares, que constituyen la primera causa de mortalidad de los países ricos. Este nuevo hallazgo se obtuvo gracias a las tecnologías que permiten evaluar la circulación arterial mediante sondas colocadas sobre la piel. Las personas mayores no sienten tanta sed como los jóvenes y, muy frecuentemente, se mantienen insuficientemente hidratadas. Además, con el paso de los años, los riñones pierden capacidad para filtrar y eliminar residuos (a los setenta años es casi la mitad que a los treinta). Por eso, conviene beber, por lo menos, dos a tres o más litros de agua a lo largo del día, para ayudar a combatir el estreñimiento, favorecer la desintoxicación del organismo y prevenir una cantidad de enfermedades, aumentando incluso las expectativas de vida. Además, descubrieron que la hidratación de la madre embarazada influye totalmente sobre la hidratación del bebé. Beber agua en cantidad suficiente evitará problemas en importantes funciones cerebrales, como la memoria y la velocidad de decisión del niño. Los riñones de la futura madre también necesitan mucha agua porque trabajan más en esta etapa. Además, evita infecciones urinarias típicas del embarazo.

El agua es la alternativa a los refrescos o gaseosas, relacionados con los problemas de obesidad por aportar muchas calorías, además de favorecer las caries y contener aditivos innecesarios.

TOXICIDAD POR AGUA

Antes de hablar del agua adecuada para el consumo, es bueno dejar claro cuándo el agua es inadecuada. Recordemos que el agua entra a nuestro cuerpo por dos vías: la de la piel (tópica) o la de la boca (oral). Mediante la ducha diaria de diez minutos con agua caliente, se recibe la misma cantidad de cloro y demás compuestos del agua que se tomarían con ocho vasos por vía oral de la misma agua. La ducha caliente abre los poros de la piel y al calentarse el agua, se liberan vapores que hacen que nos ingrese el cloro por ambas vías. Esta puede ser la fuente de la liberación del 80% de tricloroetileno y de 50% de cloroformo en el aire, que pueden generar cerca de 1000 muertes al año por cáncer en Estados Unidos, según indica la Academia Nacional de Ciencias de dicho país. De ahí que la mala calidad del agua del acueducto puede hacer gran daño en la población indefensa.

El agua purificada deficientemente también puede llevar todo tipo de tóxicos, además de virus, hongos, parásitos y bacterias que harían diferente tipo de daño. Un agua sin tratamiento adecuado o de fuente malsana resulta de mayor riesgo que de beneficio para la salud. Afortunadamente, el uso de agua adecuada ayuda directamente en la eliminación de la tóxica, aunque no combate los gérmenes infecciosos que hayan ingresado al organismo.

También existe la intoxicación hídrica, una rara afección, más frecuente en los enfermos hospitalizados que reciben hidratación por vía venosa de forma inadecuada, generando una alteración del agua con respecto a los electrolitos, sobre todo al sodio. Pero puede ocurrir por vía oral, por un consumo exagerado y en corto tiempo, como en dietas sin control, actividad deportiva muy intensa, trastornos hormonales o desequilibrios psicológicos, en los que el cuerpo es incapaz de eliminar el exceso de agua, alterando el funcionamiento del organismo, colapsando peligrosamente las funciones vitales del cerebro, el corazón y el pulmón, lo que puede llevar al coma y a la muerte.

Es esencial saber que en personas con alteraciones de la función renal, falla cardíaca, falla hepática o edema (retención de agua), puede llegar a ser contraproducente el consumo excesivo de agua y deben restringir su consumo a lo que su médico les indique.

Memoria del agua

La memoria del agua funciona de modo racional, distinto a la del humano. Libre de emociones y con precisión, guarda todas las informaciones con las que puede entrar en contacto, sean favorables o no.

Así, hoy en día, se sabe que la estructura interna compleja del agua es decisivamente responsable de sus propiedades. Estas distintas características determinan, por ejemplo, el tiempo de la conservación del agua, las condiciones para el desarrollo de microorganismos en el agua y, finalmente, también la digestibilidad para todos los seres vivos y sus efectos en la salud interna. Estas propiedades importantes existentes por naturaleza en cualquier agua, se pierden hoy en día en su mayor parte por influencias externas.

Las influencias sobre el agua son variadas. El Sol, la Luna y el universo entero están en constante vibración con la Tierra y también tienen comunicación con el agua.

Pero las más problemáticas son las vibraciones generadas artificialmente, que también son "registradas" por el agua. Debido a diferentes fuentes de emisión (como repetidoras de telefonía móvil, instalaciones de radiotransmisión, radiación de satélites, líneas de alta tensión y otros), la estructura interna del agua puede ser perturbada por radiaciones técnicas y las de los sonidos, las emociones, los pensamientos humanos entre otros. La idea fundamental de la tecnología de Grander consiste en conducir la estructura interna de vuelta a su estado óptimo y conferirle a esta una estabilidad permanente. Existen sistemas diversos que pueden activar el agua con este método.

Las investigaciones del profesor japonés Masaru Emoto también nos muestran que lo que pensamos y sentimos afecta de forma directa la estructura del agua y, por esa vía, tal vez podamos entender por qué las emociones negativas y autodestructivas y los pensamientos de agresividad, resentimiento, odio y similares se asocian a un mayor aumento a enfermedades de todo tipo, ya que, probablemente, modificando la estructura cristalina del agua del cuerpo de la persona, alteran en alguna medida todo su funcionamiento. También es posible suponer que las personas que se tornan felices, y se llenan de auténtico optimismo, con sentimientos nobles y pensamientos creativos positivos, pueden superar padecimientos en su salud al cambiar la estructura de su solvente básico y, por ende, armonizar todo lo que en él se encuentra.

Emoto afirma: "Creo que se pueden activar dentro del cuerpo humano procesos de autodepuración del agua celular de la misma forma que es posible hacerlo con el agua que está libre en la naturaleza. En ese sentido, he comprobado —tengo fotos que lo demuestran— que la más poderosa combinación de pensamientos en términos de capacidad de transformación y de sanación son 'amor' y 'gratitud'. Estas palabras y las emociones positivas que generan convierten cada una de las moléculas de agua que nos componen en una estructura hermosa y equilibrada. Por eso, estoy convencido de que nuestras oraciones, meditaciones y afirmaciones ayudan a sanar"[1].

Entonces, el agua que se emplea en los alimentos y para el aseo y toda la que está en la naturaleza como un ser vivo es esencial para la humanidad en todos los sentidos. Hay que cuidarla y respetarla afuera de nuestro cuerpo, y amarla y mimarla dentro de él, porque de esto dependerá, en gran parte, nuestra vida y salud personal y grupal.

PURIFICACIÓN DEL AGUA

En realidad, hervir el agua no la purifica, solo mata gérmenes sin retirar tóxicos; incluso puede terminar concentrando metales pesados y otros tóxicos por la pérdida de volumen por evaporación. El agua pura es cada vez más difícil de encontrar en la naturaleza por toda la contaminación ambiental; por eso, es mejor buscar algún sistema para purificarla.

Existen tres tipos de filtros ideales, aunque otros funcionan también. Los mecánicos, de carbón activado y los de resinas de intercambio iónico, los dispositivos de ósmosis inversa y las destiladoras al vapor.

Los de carbón activado eliminan del agua la arena, el mal olor, el cloro y la mayoría de los contaminantes orgánicos como los pesticidas, los herbicidas, el benceno, los trihalometanos (THM) y los policlorobifenilos (PCB), además de las partículas usuales de aluvión de forma parcial. Los de resinas hacen todo eso y además eliminan contaminantes de tipo mineral y metales pesados, los radiactivos, microalgas, mohos, bacterias y hongos. Las destiladoras al vapor hacen lo mismo que los dispositivos de ósmosis inversa, solo que además eliminan del agua, el hierro, los nitratos, los sulfuros, los

---

1   Conferencia del doctor Maseru Emoto en Buenos Aires, Argentina.16 de septiembre de 2002 http://www.sierradelagua.org/admin/archivo/docdow. php?id=94

fluoruros y los virus. Lo ideal es que sean de acero inoxidable en su interior.

También existe un ionizador de agua que es capaz de separar el agua de la ciudad en alcalina y ácida, que salen por dos conductos diferentes, uno para beber (alcalino), y otro para desinfectar y regar las plantas (ácido).

Para envasarla, es ideal el vidrio o, en su defecto, el policarbonato, preferiblemente que esté libre de bisfenol A. No es saludable el PVC y, por largos periodos, tampoco el PET.

CANTIDAD DE AGUA

Es bueno empezar con uno o máximo dos vasos de agua al despertar, ya que se puede perder hasta medio litro de agua en la noche. Este es el consumo de mayor efecto depurativo y limpiador. Sin embargo, no existe una razón lógica para tomar cantidades exageradas en ese momento para adelgazar, como proponen muchas personas. Se puede tomar además un vaso de agua pura media hora antes del almuerzo y la cena, y dos horas después del desayuno y el almuerzo. Antes de dormir, si se requiere, se puede beber un vaso. Sin embargo, es lógico llamar a la prudencia para evitar el despertar por la necesidad de orinar si se consume gran cantidad de agua, sobre todo en personas mayores.

Tomar agua antes de comer controla el apetito y puede ayudar a adelgazar. Por el contrario, beberla inmediatamente se termina de comer, altera la digestión y puede ayudar a subir de peso. Aunque algunos no lo recomiendan, se puede beber agua durante la ingesta del alimento para favorecer la digestión.

En condiciones de temperatura y esfuerzo físico normales, se recomienda que un hombre adulto promedio beba entre dos y tres litros diarios de agua, 20% del cual provendrá de los alimentos. Si hay invalidez o sedentarismo, es mejor consumir menor cantidad. Una alimentación rica en proteínas provoca una concentración mayor de solutos en el riñón y requiere más consumo de agua.

No conviene esperar a tener sed; es mejor tomarla por costumbre. Sin embargo, no es recomendable tomar abruptamente estas cantidades recomendadas aquí, si no se está acostumbrado. Es mejor aumentar la cantidad gradualmente, hasta llegar a lo deseado.

Además, es aconsejable beber el agua, así como otras bebidas, a temperatura ambiente, máxime si se tiene indigestión. Los líquidos demasiado fríos provocan un alivio pasajero para la sed y aumentan la indigestión. Es ideal beber en pequeños sorbos y pasarlos, aunque tenga mucha sed; así evitará los atragantamientos, por un lado, y adecuará al estómago para su recepción, por el otro.

Calidad

El agua para beber habitualmente debe ser poco mineralizada, idealmente destilada y las más fuertes y gasificadas solo se deben tomar de vez en cuando. El agua destilada y el agua mineral siempre son preferibles a la del grifo, hasta no conocer la calidad de los acueductos, pues hay ciudades en donde sí se puede encontrar agua saludable. Se considera un agua débilmente mineralizada aquella cuyo contenido mineral es inferior a 200 mg/l, y rica en sales minerales cuando es superior a 1 g por litro. Se indica en la etiqueta como "residuo seco".

De todas maneras, existe un agua de alto contenido de minerales, solo que en proporción exacta y que tiene la capacidad de remineralizar, que es el agua marina, o suero Quinton. Estos minerales marinos, en forma de plasma marino, son utilizados por el metabolismo de una forma completa, equilibrada y asimilable. El plasma marino es muy eficaz para la recarga mineral, porque más que el impacto de tal o cual elemento, se busca el equilibrio en general.

Por otro lado, es ideal tomar el agua destilada con el estómago vacío, para favorecer el proceso de limpieza del organismo. No tiene problema que esta carezca de minerales, pues la dieta es la que suple esa necesidad y no el agua. Incluso el agua altamente mineralizada, excepto el suero marino, favorece alteraciones como los cálculos renales. Este tipo de agua se conoce también como agua purificada, desmineralizada, desionizada o agua de ósmosis inversa.

El agua destilada tiene un sabor diferente, limpio, ya que los contaminantes, los sólidos y el cloro son reducidos significantemente durante el proceso de destilación. Este proceso consiste en la vaporización mediante el hervor del agua. Cuando el vapor empieza a subir, la mayoría de las bacterias, virus y químicos se quedan en el agua. El vapor es recogido y condensado otra vez en forma líquida, libre de todo.

Beber agua destilada elimina los materiales inorgánicos y tóxicos que son rechazados por nuestras células y tejidos del cuerpo. Tomarla caliente en pequeñas porciones, como de una onza, con el estómago vacío, varias veces al día, es la mejor forma de depurar el organismo.

El problema es que en este proceso se borra toda la información y se desestructura; por eso, es bueno activarla. Primero, vertiendo el agua de un recipiente a otro desde una altura de al menos medio metro, varias veces. También, por medio de la dinamización, agitándola o mediante el método que diseñó Masaru Emoto, con el cual el agua destilada puede ser favorecida con la cromoterapia y las formas geométricas, entre otras cosas. Nosotros hemos creado una botella de formas poliédricas regulares que, según lo comprobado por el método del profesor Emoto, armoniza la cristalización del agua destilada de manera muy especial. La botella de color naranja es ideal para armonizar el agua y ayudarla en la desintoxicación del organismo al ingerirla.

Además, se puede beber agua alcalina, o sea de pH mayor de siete, generalmente de ocho a nueve, que elimina los desechos ácidos del cuerpo producto del metabolismo o ingeridos en la dieta moderna que es muy ácida por la comida de origen animal o por los aditivos, azúcar, alcohol, café, etcétera. Las frutas y verduras son de pH ligeramente alcalino, y el agua destilada es neutra. La acumulación de desechos ácidos, grandes tóxicos para el organismo, es el origen de muchas alteraciones que pueden generar depósitos de grasas, cálculos en la vesícula y el riñón, etcétera. El agua alcalina se consigue añadiendo a un vaso de agua de grifo, destilada o mineral, 2 a 4 gotas de algunos productos que se consiguen comercialmente como alcalinizantes. También, se puede hacer con un ionizador diseñado para tal propósito.

En mi opinión, el agua destilada y el agua alcalina, activadas con el método Grander o el de Emoto, son la mejor manera de llevar agua al cuerpo para desintoxicarlo.

Capítulo 7
Nutrientes esenciales

Solo se ve bien con el corazón;
lo esencial es invisible para los ojos.
ANTOINE DE SAINT-EXUPERY

Los nutrientes son todas las sustancias que integran un alimento de manera normal, por ejemplo, el almidón de los vegetales, la grasa de la leche, las proteínas de la carne, etcétera. Los nutrientes esenciales no pueden ser sintetizados internamente y, por ello, el organismo debe adquirirlos a partir del medio ambiente que lo rodea. Su ausencia de la dieta o su disminución por debajo de un límite mínimo en el cuerpo, después de un tiempo, puede ocasionar una enfermedad carencial. Los nutrientes esenciales son los ácidos grasos, los aminoácidos esenciales, las vitaminas, ciertos oligoelementos como el hierro y el calcio, entre otros. Aquí también caben el agua y el oxígeno, aunque no se consideran como alimentos.

Hasta hace unos años, *no* se daban cantidades mayores a las de los requerimientos mínimos de estos nutrientes para evitar su deficiencia, debido a que se consideraba innecesario e inútil como terapia. Incluso se decía que los excedentes eran eliminados de forma rápida. Sin embargo, esto ha cambiado en la actualidad de forma sustancial al comprobar las propiedades terapéuticas directas y eficaces en la prevención, paliación y curación de múltiples dolencias y enfermedades de los suplementos, con pocos o ningún efecto secundario indeseable. Esta aplicación abrió el campo de los farmanutrientes o nutracéuticos, que no son otra cosa que los componentes de los alimentos que se pueden ingerir a diario, pero en cantidades mayores, lo que les permite tener acción terapéutica. Gran parte de su acción se debe a que, de manera directa o por mecanismos indirectos, favorecen la eliminación de los agresivos radicales libres, evitando sus nocivos efectos.

RADICALES LIBRES

Un radical libre es una molécula que posee uno o más electrones desapareados en sus orbitales externos, quedando en carga positiva, por lo que busca afanosamente un electrón.

En la práctica, los radicales libres recorren nuestro organismo, intentando robar un electrón de las moléculas estables, con el fin de alcanzar su estabilidad electroquímica. Al robar el electrón que necesita, la molécula que se lo cede se convierte a su vez en un radical libre, iniciándose así una verdadera reacción en cadena que destruye nuestras células. El problema para nuestra salud se produce cuando nuestro organismo tiene que soportar un exceso de radicales libres durante años, producidos mayormente por contaminantes externos que penetran en nuestro organismo, producto de la contaminación atmosférica, el humo del cigarrillo, aceites vegetales hidrogenados, tales como la margarina; el consumo de ácidos grasos trans, como los de las grasas de la carne y de la leche, los medicamentos como los de la quimioterapia, herbicidas, pesticidas, los desastres nucleares, los agentes químicos para procesar alimentos, la "contaminación mental", es decir, los pensamientos negativos que nacen de los celos, la ira, la avaricia y el odio; así como el estrés emocional o causado por el dolor físico, entre muchos más. Los radicales libres son los agentes generadores de oxidación y peroxidación de los lípidos, lo que vuelve las grasas rancias, o sea que las vuelve cebo. Dañan proteínas, carbohidratos, alteran el ADN, rompen membranas celulares dañando y hasta matando células. Inactivan enzimas, alteran la respuesta inmune y son carcinógenos. En enfermedades, se liberan durante la inflamación y la disminución de sangre y oxígeno en los tejidos. Se dice que toda enfermedad tiene relación directa con la acción de los radicales libres. Lo importante para este libro es entender que todos los tóxicos, sean químicos, físicos, mentales e incluso energéticos, van a afectar la salud por la vía de los radicales libres y a alterar la cantidad y/o la actividad de casi la totalidad de las sustancias esenciales, por lo que el uso de nutrientes que combatan los radicales libres y que suplan las deficiencias nutricionales es indispensable a la hora de hacer una terapia integral para enfrentar a todos los tipos de tóxicos.

Antioxidantes

En los últimos veinte años, el tema de los antioxidantes fue sometido a una intensa investigación a nivel experimental y clínico. En general, los estudios demostraron que las poblaciones con una alimentación rica en verduras y frutas, con elevado contenido de sustancias y vitaminas antioxidantes, tenían menor riesgo de adquirir enfermedades cardiovasculares y distintos tipos de cáncer. También se observó que las concentraciones elevadas de antioxidantes en la sangre se asociaban con una menor frecuencia de dichas enfermedades.

Un antioxidante es cualquier sustancia que, estando en concentración muy baja, previene o demora la oxidación causada por un radical libre a un compuesto químico. El antioxidante posee una estructura química apropiada para reaccionar fácilmente con un radical libre con un costo mínimo para el organismo. Se pueden clasificar en dos grandes grupos, los endógenos, producidos por el organismo, y los exógenos, que provienen de la dieta y que se pueden mejorar con suplementos.

Los primeros son básicamente las enzimas antioxidantes, proteínas que no se consumen al reaccionar con un radical libre y que son dependientes de cofactores (oligoelementos) como el cobre, el hierro, el zinc, el manganeso y el selenio, básicamente.

Los segundos se consumen al reaccionar con los radicales libres y deben ser reemplazados; entre este grupo están las vitaminas, como la A, la C y la E, los polifenoles, los carotenos y muchos más.

Enzimas

El primer radical libre que aparece dependiendo del oxígeno se llama el radical superóxido, que es contrarrestado por la enzima superóxido dismutasa conocida como SOD, de la cual hay dos variedades: la que se relaciona con cobre y zinc (Cu-Zn) y la que se relaciona con manganeso (Mn). La SOD transforma el oxígeno en peróxido de hidrógeno, o agua oxigenada, que no es un radical libre como tal, pero que si no es contrarrestada, produce un radical libre muy destructivo, el llamado hidroxilo, que hace todo tipo de daños en el cuerpo. El organismo posee la enzima glutatión peroxidasa (GPX), que convierte el peróxido de hidrógeno y los peróxidos lipídicos en moléculas inofensivas antes de que puedan formar radicales libres. El glutatión, que es esencial en esta enzima, se forma básicamente de cisteína, que es un aminoácido con azufre y que debe ser ingerido por medio de la dieta en forma de cisteína, que puede ser encontrada en el huevo, la sandía, el germen de trigo, el ajo, la cebolla y el yogur, entre otros; o del suplemento llamado n-acetil cisteína (NAC), que se usa generalmente para acabar con el exceso de mucosidad pulmonar. El glutatión nos protege contra casi la mayoría de tóxicos que llegan al hígado, siendo una de las sustancias más abundantes del cuerpo humano. La necesidad de este producto es muy alta, dada la cantidad de tóxicos que ingerimos a diario, especialmente porque funciona predominantemente en el hígado, tránsito obligado de todo lo que llega con los alimentos al sistema digestivo.

Un buen ejemplo de su actividad es lo que ocurre en pacientes con falla renal, que mueren fácilmente por enfermedades del corazón y la circulación, pero el uso de NAC disminuye los riesgos.

Vitaminas A, C, E

La vitamina A se encuentra en la leche, la mantequilla, el queso, la yema de huevo, el hígado y el aceite de hígado de pescado. Además, el cuerpo puede producirla a partir del betacaroteno, que se encuentra en zanahorias, albaricoques, espinacas, zumo de tomate, calabaza, melón y brócoli ingeridos preferiblemente crudos o cocinados al vapor, para prevenir el daño oxidativo en la piel y las mucosas causado por los radicales libres. Previene el cáncer de pulmón, estómago y mama; previene infartos, bloquea la oxidación del colesterol que tapona las arterias y aumenta las defensas.

La vitamina C, presente especialmente en frutas y verduras, entre ellas el pimiento, el pepino, el melón, la papaya, la fresa, la col de Bruselas, todos los cítricos, el kiwi, el brócoli y el tomate. Protege las arterias, estimula el sistema inmunitario, previene el cáncer, las enfermedades del pulmón y las cataratas.

La vitamina E bloquea la oxidación del colesterol de baja densidad LDL (malo) y otras grasas perjudiciales. Previene los infartos, evitando el deterioro de las arterias; incrementa las defensas y protege al cerebro de enfermedades degenerativas. Está presente en los aceites vegetales (soya, maíz y girasol), frutos secos, semillas y cereales.

Selenio

El selenio (Se) es un oligoelemento esencial para el organismo que forma el núcleo activo de varias enzimas antioxidantes y de numerosas proteínas y que constituyen la familia de las selenoproteínas. Se encuentra en un gran número de verduras, destacándose entre ellas el brócoli, las nueces, las semillas o pipas de girasol y el ajo. Existen zonas del planeta donde el suelo es pobre en selenio y este fenómeno coincide con una alta prevalencia de ciertas enfermedades que afectan el aparato osteoarticular, o producen cuadros de insuficiencia cardíaca y, en otros casos, un aumento en la tasa de cáncer gastroesofágico. Se ha observado que una adecuada concentración de selenio en la sangre está asociada con una reducción de la mortalidad en los pacientes gravemente enfermos, entre otras funciones, por desintoxicar al organismo de todo tipo de tóxicos, especialmente los metales pesados.

COENZIMA Q10

Es una sustancia natural que produce el cuerpo y se encuentra en alimentos como pescados azules (caballa y sardinas), en vísceras (corazón, hígado y riñones), en la carne, aceite de soya y maní. La coenzima Q10 (CoQ10) es un constituyente de la cadena respiratoria mitocondrial, con resultados satisfactorios en pacientes con insuficiencia cardíaca crónica, debilidad muscular y desvitalización, entre otras. Es el antioxidante más poderoso para proteger de diferentes tóxicos, incluso de medicamentos, a los músculos y, entre estos, al músculo más importante: el corazón.

Zinc: dentro de los vegetales, destacan las semillas de calabaza o zapallo y los frutos secos y cereales. Es esencial para la producción de la hormona SOD. Lo necesitan especialmente los pacientes con diabetes, alcoholismo y lesiones de próstata. Ayuda a evitar los depósitos inadecuados de colesterol, mejora la función natural del gusto y el olfato, lo que es ideal en pacientes con falta de apetito por ese motivo. Es esencial en la cicatrización de heridas y en el buen funcionamiento del cerebro.

Licopeno: es el elemento carotenoide que da el color rojo a los tomates. Tiene la propiedad de anular las partículas dañinas que produce la piel cuando se halla bajo los rayos ultravioletas, logrando una protección directa frente al sol, reduciendo la posibilidad de quemaduras y retardando su deterioro. Como el tomate es el alimento más rico en este nutriente, es ideal comerlo crudo, ya que ni en el jugo ni luego de su cocción se encuentra el licopeno en la cantidad adecuada. Protege el corazón y ayuda en la prevención del cáncer de próstata, estómago, vejiga y colon.

Quercitina: es un bioflavonoide presente en el té verde, las uvas, el brócoli, la cebolla, el vino tinto y las cerezas, entre otros. El Consejo Superior de Investigaciones Científicas de España (CSIC) finalmente lo ha avalado como antitumoral.

Reporta múltiples beneficios para la microcirculación y para evitar las enfermedades cardiovasculares y el cáncer. Se emplea como complemento en terapias para alergias, asma, rinitis alérgica y obstructiva, pérdida de olfato, alergias al polen y al polvo, infecciones respiratorias, eccema, herpes, urticaria, infecciones virales, artritis, artrosis e inflamaciones de articulaciones y de los músculos, dolor de piernas, várices, problemas de circulación, hemorroides, fragilidad de capilares y sangrados de nariz.

Ácido lipoico: se encuentra en el brócoli, la espinaca, la levadura, el riñón, el corazón, etcétera. Antiguamente, se consideraba como una vitamina, pero cuando se determinó que podía ser producida por el cuerpo, dejó de ser clasificado como tal. Para lograr sus beneficios, se requiere un alto consumo de los alimentos que lo contienen o incluso la ingestión en forma de suplementos. Es esencial para la protección de los nervios periféricos y evitar o solucionar las neuropatías. Es ideal para pacientes diabéticos. Su aplicación terapéutica es esperanzadora en pacientes con hepatitis, cirrosis y otras afecciones del hígado. Además, se considera útil en la prevención de la demencia senil tipo Alzheimer, las cataratas y algunas formas de cáncer.

Consejos básicos para incluir antioxidantes en la dieta diaria

- Tomar una taza diaria de té, preferiblemente verde.
- Comer cinco porciones de fruta al día, que no estén demasiado verdes ni demasiado maduras.
- Ensalada variada con germinados en el almuerzo o la comida.
- Sazonar las comidas con condimentos como el perejil, la cúrcuma, el eneldo, coriandro, jengibre o el curry, ya que son alimentos antioxidantes muy eficaces y de rico sabor.
- Como postre, además de la fruta, un pedacito de chocolate negro (sin leche ni azúcar) aporta una buena dosis de antioxidantes naturales.

Existen diez tipos de frutas y verduras con mayor capacidad antioxidante: los aguacates, las bayas (moras, fresas, frambuesas, arándanos), el brócoli, el repollo y todas las coles en general, las zanahorias, los cítricos, las uvas (que contienen hasta veinte antioxidantes), las cebollas (sobre todo las moradas), las espinacas y los tomates.

LOS PROBIÓTICOS

Son microorganismos vivos innocuos para quien los recibe; por el contrario, son beneficiosos para la salud. Se consumen en la dieta o mediante suplementos, y pueden llegar vivos al intestino delgado, soportando la acidez del estómago y las condiciones de la bilis en el intestino, para interactuar con la flora intestinal del paciente, y adherirse al intestino grueso para evitar la actividad de las bacterias dañinas para el organismo.

Además, los probióticos facilitan la absorción de vitaminas, proteínas y minerales indispensables para la adecuada nutrición del organismo. Pueden llegar a reducir el colesterol malo de la sangre por su acción directa sobre las sales biliares, que impide su síntesis. Se ha encontrado su eficacia en la disminución de la intolerancia a la lactosa en personas sensibles y en la desensibilización de las alergias a varios tipos de alimentos.

Estudios diversos los encuentran favorables a la hora de ayudar a eliminar metabolitos tóxicos que favorecen el cáncer de colon, por lo que se considera útil en su prevención, e incluso algunos afirman que también previene el cáncer de seno.

En la práctica, se les conoce por su efecto directo en la diarrea, ya sea infecciosa, *tóxica,* alérgica o irritativas. Sin embargo, el alto nivel de estrés, el consumo de antibióticos de forma inapropiada y la dieta inadecuada llevan a que su presencia en el intestino se vea reducida, perdiendo así todos sus beneficios, por lo que se vuelve indispensable su consumo diario y de forma permanente para lograr sus efectos duraderos.

Alimentos que desintoxican

El doctor Edward Group, en su libro *The Green Body Cleanse*, hace una valiosa selección de alimentos que nos ayudan de manera directa en la eliminación de tóxicos, que vale la pena tener en cuenta en la dieta.

Frutas. Además de seducirnos con todas las formas, aromas, colores y sabores posibles, sin duda, son un alimento muy valioso para nuestro organismo y pueden ser esenciales a la hora de limpiarlo de todas las impurezas que hemos adquirido con anterioridad.

Además, al ingerirlas, no dejan ningún tipo de residuo tóxico en el organismo, sino que, por el contrario, lo limpian y regeneran, al tiempo que eliminan las toxinas, siempre y cuando estén libres de contaminantes externos.

Por consumir poca energía en todo el proceso de asimilación, la energía restante es empleada en la función de desintoxicar, al tiempo que nos dejan los nutrientes que favorecen este mismo proceso.

Poseen cantidades considerables de vitaminas, minerales y enzimas que realizan también la función de limpieza de manera directa.

Es bueno decir que esto solo se logra con la fruta fresca y que algunos de estos nutrientes pueden ser destruidos si se someten a temperaturas por encima de los 60 °C.

Otra función esencial de las frutas en la desintoxicación es que favorecen el proceso de alcalinización, dado que ninguna fruta, ni siquiera las cítricas, acidifican el organismo como sí lo hacen muchos alimentos de origen animal y los que están cargados de productos artificiales como los aditivos. Las frutas favorecen la compensación del lado alcalino en una dieta predominantemente ácida, como la de la actualidad.

Es ideal consumirlas en su punto óptimo de madurez, cuando los almidones se han transformado en fructosa, un azúcar sana para el organismo. En ese momento, es más fácil la digestión y asimilación de todos sus nutrientes. Al estar madura, pierde su color verde y la corteza (cáscara), más fina y porosa, permite el intercambio con el aire que oxida los ácidos orgánicos, transformándolos en azúcares saludables. Adquiere todo su aroma, la pectosa se transforma en pectina y se vuelve jugosa y apetecible. Lo ideal sería dejarla madurar en el árbol y no en el supermercado, para consumirla en su mejor momento.

Una forma de saber qué tan adecuada es la fruta es por el aroma, ya que muchas veces es coloreada artificialmente para hacerla más atractiva a la vista. Así que una fruta bonita a la vista pero que no huele bien no es una buena fruta.

Para su consumo ideal, debe tomarse con el estómago vacío y dejar entre veinte y treinta minutos antes de tomar otra cosa, para esperar a que se vacíe de nuevo y evitar que fermente otros alimentos en su rápido proceso de digestión. Con el plátano, el higo, los dátiles y las frutas secas es mejor aguardar casi una hora antes de comer otra cosa diferente.

La piña es un excelente diurético que favorece la eliminación de toxinas, además de ser un excelente laxante natural y estabilizante de la flora intestinal. La ciruela funciona en caso de estreñimiento por su contenido en pectina; además, posee vitaminas A y C, potasio, hierro, magnesio y una cantidad importante de fibra. La pera y la uva también son buenas desintoxicadoras, son diuréticas y ayudan a perder peso al igual que el melón que, además, produce energía.

Los cítricos, con sus propiedades ácidas, ayudan a romper las cadenas tóxicas acumuladas en nuestro organismo.

La fruta, al igual que todos los alimentos, debe ser masticada con cuidado y lentamente para que se disuelva en la boca y así aprovechar mejor sus cualidades.

Alimentos verdes. Las algas verdeazules y la espirulina, la cebada, la hierba de trigo, la col, las espinacas, la alfalfa, la acelga, la rúgula, el brócoli, entre otras, preferiblemente orgánicas, tienen clorofila que nos ayuda a deshacernos de toxinas perjudiciales para el medio ambiente y las personas, como los metales pesados, herbicidas, productos de limpieza y pesticidas de manera directa; además, ayudan en la desintoxicación directa del hígado.

La cebolla, la zanahoria, la alcachofa, los espárragos, la coliflor, la remolacha, la cúrcuma y el orégano, crudos, también ayudan a que el hígado purgue toxinas durante el proceso de limpieza. Estos alimentos tienen un alto contenido de azufre de origen natural y glutatión. Este azufre ayuda al hígado a desintoxicarse de los productos químicos nocivos.

El ajo. Estimula la desintoxicación del hígado, produciendo enzimas que ayudan a filtrar los residuos tóxicos en el sistema digestivo. Añadir ajo en pedazos o cocido a cualquier plato ayudará a cualquier dieta de desintoxicación.

Té verde. Por estar lleno de antioxidantes, lava las toxinas del sistema a través de su contenido líquido, y contiene un tipo especial de antioxidantes llamados catequinas, que aumenta la función hepática, recordando tomarlo con moderación, o sea, no más de cuatro tazas al día.

Semillas y frutos secos. Estos incluyen las semillas de lino, de calabaza, de cáñamo, de sésamo, semillas de girasol, las almendras y las nueces, entre otras, con acciones directas de desintoxicación en general.

Las grasas. Constituyen la mayor fuente de energía del cuerpo, mantienen la estabilidad de las membranas, dan elasticidad a los tejidos, textura a la piel y favorecen el crecimiento y desarrollo, entre muchas otras funciones.

Las grasas saturadas, principalmente presentes en las carnes rojas y los lácteos, favorecen la formación de trombos, el aumento de la inflamación y la creación de placas de arteriosclerosis. Además de las carnes rojas y los lácteos, el azúcar refinada, las harinas refinadas y los fritos de todo tipo también forman grasas saturadas.

Pero también hay otras grasas que sí son saludables. Las insaturadas, presentes especialmente en el pescado de mar y en los vegetales, conocidas actualmente como los aceites omega 3, 6 y 9, dentro de las que hay ácidos grasos esenciales, que no puede producir el cuerpo, por lo que su consumo es indispensable. En condiciones adecuadas, se convierten en unas sustancias llamadas prostaglandinas, que ejercen un poderoso efecto benéfico directo sobre la salud humana.

El consumo de una cantidad adecuada de omega 3, de pescado de mar, de su aceite en suplementos conocidos como EPA y DHA, o en el aceite de linaza, disminuye el riesgo de enfermedades coronarias, reduce los triglicéridos y aumenta el colesterol HDL, que es llamado el "bueno", porque protege del daño que el colesterol "malo" (LDL) hace sobre los tejidos. En varios estudios, se emplean los suplementos de aceite de pescado para tratar enfermedades como la artritis, la psoriasis, las alergias y muchas otras más, con sorprendentes y benéficos resultados. Estos suplementos mejoran el efecto dañino de muchos tóxicos sobre la salud. Es esencial que por la alta contaminación de los mares y, por consiguiente, de los peces, se debe revisar que los suplementos de omega 3 estén libres de metales pesados, PCB, dioxinas y demás tóxicos, y que esto esté especificado en la etiqueta o, de lo contrario, su consumo será más perjudicial que benéfico para la salud.

En general, el omega 6 no es tan bueno para la salud, ya que es el constituyente esencial de los aceites de cocina que se oxida al freírse, dando el resultado negativo de la grasa. Sin embargo, los aceites de borraja, la grosella negra y prímula, han demostrado eficacia en enfermedades de la piel, en la tensión premenstrual, la hipertensión, además de bajar el colesterol "malo" de forma directa y segura.

Por último, está el omega 9, cuyo mayor exponente es el aceite de oliva extravirgen, obtenido de la primera presión en frío, que le ha dado gran parte del éxito a la dieta del Mediterráneo, la cual es la mejor a la hora de prevenir muchas enfermedades, entre otras, las de las arterias del corazón. Su consumo en crudo también reduce el colesterol "malo", sin afectar el "bueno", además de tener propiedades analgésicas, antiinflamatorias y hasta reguladoras del calcio, entre otras.

Complementos nutricionales

La mayoría de las investigaciones modernas demuestran que las dietas convencionales son deficientes en todos los nutrientes descritos a lo largo del capítulo, ya sea por mala calidad de los alimentos, porque no se consumen en la cantidad suficiente o porque el uso de medicamentos interfiere en su absorción.

Para el cuerpo, sería mejor recibir los nutrientes en forma cotidiana, a través de la alimentación, pero como no es fácil, cada vez se vuelve más necesario el uso racional y dirigido de complementos nutricionales que logren mantener las reservas suficientes y, en caso de alta toxicidad y/o enfermedad, los suplementos ya no solo son útiles sino indispensables.

Capítulo 8

Dietas

Que la comida sea tu alimento
y el alimento tu medicina.

HIPÓCRATES

Todo lo que ingerimos a lo largo del día en nuestra alimentación representa una medicina o un tóxico en potencia para nuestro organismo. Sencillamente, porque producirá efectos en la salud y bienestar en cualquier dirección, razón por la cual los terapeutas especializados en nutrición han adoptado estilos de alimentación que sean compatibles con las necesidades de salud física, su manera de pensar y hasta sus creencias religiosas para sus pacientes. Las dietas también han sido marcadas por la influencia del lugar geográfico donde se desarrollaron, las condiciones del clima, el acceso a cierto tipo de alimentos y el poder adquisitivo. Por todo lo anterior, y a pesar que cada creador o defensor de un tipo de dieta piense lo contrario, no existe una dieta ideal, única y universal. Solo existen estrategias que, bien llevadas, pueden generar beneficios a un grupo de personas, aunque podrían ser contraproducentes para otras. Es fácil ser vegetariano en la India, donde la cultura lo favorece, al igual que comer carne en abundancia en países como Argentina, y comida de mar y olivas en el Mediterráneo, donde, ya sea por la cultura, la costumbre o la accesibilidad a ciertos alimentos lo hacen posible.

Entonces, describiré diferentes estilos de alimentación para que el lector conozca variantes que le puedan ayudar a definir una forma más acorde a sí mismo, para tener una alimentación que ayude en el proceso de desintoxicación natural. No son estrategias para unos días (estas las encontrará en el anexo de curas), son estilos de alimentación que se siguen por largos periodos de tiempo, incluso de por vida, que si son bien llevados y si se logran integrar a la vida cotidiana de manera adecuada auguran éxitos.

De todas maneras, quiero dejar claro que un estilo de alimentación *no* debe ser visto como una religión con un dios llamado comida, a la que se traiciona (se peca) si no se siguen sus directrices, sino más bien como un acompañante en el camino que nutre nuestro cuerpo de manera que nos hace más fácil el proceso de vivir en la tierra. En realidad, considero que uno come por lo que es y no es (o se convierte en) lo que come. Así que con la mente clara y amplia, con argumentos reales y reflexiones serenas, y validando lo que el cuerpo tiene de capacidad, quiere disfrutar y puede tolerar, los invito a que escojan un estilo de alimentación que les permita vivir mejor ante la avalancha de tóxicos que están siempre en la vía. Además, si alguna persona tiene como objetivo la búsqueda de un camino espiritual de manera clara y consciente, escoger una forma determinada de alimentación puede ayudarle a lograrlo, pero no considero que este sea el único medio para alcanzarlo.

PARA TENER EN CUENTA

Estas son unas cuantas reflexiones, válidas para cualquier persona que busque un cambio en su alimentación diaria, que quiero que tengan en cuenta antes de explicar cada una de las dietas que se pueden adoptar.

• Se trata de aprender a comer y no de contar calorías, pesar los alimentos o morirse de hambre. Las dietas que se siguen para perder peso se relacionan con sufrimiento y frustración, y, por ello, solo se siguen por un tiempo muy limitado. Las dietas de fondo se asumen con calma porque encierran una comprensión de lo que se hace; por eso, es bueno estudiarlas bien y llenarse de todas las razones para seguirlas. Claro que también se puede ensayar hasta encontrar la adecuada.

- Así como no es lo mismo tocar que acariciar, oír que escuchar, ni ver que observar, es esencial diferenciar comer de saborear. Comer es el acto automático de ingerir el alimento, al saborear, la persona está dedicada por completo al acto mismo de integrar el alimento a la vida. El alimento también posee un campo energético propio con propiedades muy especiales según su tipo, además de las condiciones a las que estuvo expuesto en su producción y conservación que solo pueden ser recibidas por el consumidor si se entrega con todo su ser al acto de comer. Se necesita contemplar lo que se ha de recibir y, de manera respetuosa y con agradecimiento sincero, llevarlo a su ser. Así, el alimento no solo nutrirá al cuerpo físico, sino que lo hará con toda su energía.

- Es bueno que la comida sea variada, con sabores y colores diferentes, lo que indica que contiene variedad de nutrientes. Es fundamental que la dieta sea suficiente en cantidad, ya que al pasar mucha hambre, se abandona. Cada persona debe encontrar su punto adecuado. Recordemos que la digestión comienza en la boca (cuando se mastican y ensalivan los alimentos). Al masticar cada bocado adecuadamente, uno se sacia antes y se logra comer solo lo necesario.

- Es esencial aprender a escuchar las necesidades, gustos y condiciones de nuestro cuerpo y, desde ahí, junto con los de nuestra mente, poder validar la dieta a seguir. A pesar de que cada una de las dietas que ahora expondré son en esencia saludables, no lo serán si el ser que las recibe no puede integrarse bien a ellas, ya sea por condiciones de su cuerpo o creencias de su mente. Ignorar lo que el cuerpo tiene y sabe, o lo que la mente piensa y cree al embarcarse en esta travesía de vida, puede ir en contra de uno mismo, generando al final una toxicidad mayor de la que se quería evitar.

- Como medida complementaria, también, es necesario aprender a relajarse y practicar un poco de ejercicio físico y buscar más calidad de vida, no solo de comida.
- Es esencial perderle el miedo a la palabra dieta y tratar de pensar que lo que se busca es equilibrar la alimentación.
- El plan alimenticio será mucho más efectivo si se hace por motivaciones propias y estables. Es esencial fijarse metas saludables a largo plazo, para no desesperar. Si se establece una relación saludable con la comida, es perfectamente válido consentirse con el helado favorito de vez en cuando; esto ayudará a lograr la meta a largo plazo sin tantas frustraciones.
- Comer balanceadamente, tomando en cuenta las necesidades personales de macronutrientes, conduce a un estado de rendimiento óptimo permanente y a una salud duradera, lejos de tanta toxicidad y de la comida chatarra.
- Una dieta que no modifica los malos hábitos alimentarios para la vida no sirve para nada. El dilema siempre estará en qué, cuánto y cuándo comer. Estos parámetros deben ser ajustados al estilo de vida y a las necesidades y realidades personales, como dijimos anteriormente. También, es importante aclarar por qué se quiere hacer esta dieta, puesto que si no está seguro de la razón por la cual se quiere hacerla, entonces es fácil abandonar el programa.

Ahora bien, independientemente de la dieta que uno escoja, es esencial recordar que el tipo de alimentos y bebidas que se consuman sean de la mejor condición y libres de los contaminantes a los que nos hemos referido con anterioridad. Así, será posible que la dieta cumpla con todas las sanas funciones que tiene la capacidad de lograr.

Quiero aclarar que la información de las dietas que sigue a continuación ha sido tomada casi en su totalidad de las enseñanzas que mi buen amigo naturópata español Josep Arnau y su equipo proveen en la página web *www.enbuenasmanos.com*. Con su autorización, voy a describir los diferentes caminos para una mejor alimentación y salud mediante el empleo adecuado del alimento. En esta página, además, hay información muy valiosa sobre todo un estilo de vida saludable a nivel del cuerpo, la mente y la energía de la que cualquier persona con mente abierta puede llegar a beneficiarse.

LA DIETA MEDITERRÁNEA

Es la dieta adoptada por los países de la zona del Mediterráneo, que se ha asociado a menor incidencia de enfermedades cardiovasculares y muertes por tal motivo, frente a lo otras zonas similares como Estados Unidos o el norte de Europa. El aceite de oliva, las verduras de temporada, los frutos secos y más pescado que carne, todo en las proporciones correctas, hacen que esta dieta sea tan benéfica. Es rica en nutrientes esenciales, como los antioxidantes, que favorecen la buena salud.

Las grasas que se utilizan, por ejemplo, son insaturadas, pues proceden del aceite de oliva, de los pescados azules y los frutos secos, por lo que ayudan a prevenir el colesterol. Emplea en abundancia cereales diversos, leguminosas como los garbanzos, las lentejas y las habichuelas, así como frutas, verduras y hortalizas, con lo que se asegura el aporte de fibra necesario para un buen tránsito intestinal. Esto ayuda en la prevención de la obesidad, el cáncer de colon y la diabetes. La leche, sus derivados y los huevos también se emplean, y se consume poca cantidad de carne roja y con menos frecuencia. Tradicionalmente, en esta zona, la bebida que acompaña las comidas es el vino, que tomado con moderación, es un buen complemento, además de agua en adecuada cantidad.

Se evitan los dulces, pasteles, golosinas, algunos tipos de embutidos y las comidas rápidas.

Como ejemplo, se consumen de tres a cinco raciones de pan, cereales o tubérculos (pasta, arroz, papa, etcétera), acompañados de dos a tres piezas de fruta fresca y de dos a cuatro raciones de verduras y hortalizas (pueden ser cinco raciones diarias entre frutas y verduras). Además, dos a tres raciones de queso, lácteos, pescado azul o leguminosas. Es esencial consumir como mínimo veinte gramos diarios de aceite de oliva o, en su defecto, un puñado de frutos secos. Como complemento, se consumen, dos a tres veces a la semana, huevos y aves de corral, y solo esporádicamente carnes rojas y azúcares simples.

La dieta Kousmine

El método Kousmine, creado por la doctora Catherine Kousmine, mediante la dieta y otras actividades, busca prevenir y tratar enfermedades crónicas y degenerativas.

Esta dieta se basa en los siguientes cuatro pilares:

- Una alimentación sana que se logra al reducir las proteínas animales y las grasas saturadas, además del azúcar y las harinas refinadas. Se emplean aceites prensados en frío, alimentos frescos y granos enteros. Se evitan todas las formas de alimentos procesados, así sean zumos de frutas. No se consume pan blanco, ni aceites obtenidos por calor, mantequilla en altas cantidades, ni se recomienda el café, el té, el alcohol, el tabaco, bebidas carbonatadas, los postres, pasteles y similares.
- La higiene intestinal, mediante enemas, entre otras prácticas, para limpiar el tubo digestivo y por medio de este al hígado, ya que se vincula a las enfermedades degenerativas con la intoxicación crónica que comienza en el intestino y el hígado.
- Se lleva a la alcalinización de la orina mediante una dieta alta en vegetales y libre de carnes y cualquier tipo de químicos, para retirar la acidez del cuerpo, evitando que se pierdan sales y nutrientes esenciales.
- También se emplean suplementos nutricionales, como vitaminas y minerales, entre los que sobresale la vitamina F (grasas poliinsaturadas).

Dieta halal

La dieta *halal* indica cuáles son los alimentos adecuados para los fieles musulmanes según está escrito en el Corán. La palabra árabe *halal* significa apto, bueno, adecuado, saludable, ético o permitido según las normas islámicas. Estos alimentos se distinguen por llevar el sello *halal* del Instituto Islámico. Esta dieta logra una serie de beneficios evidentes para la salud, ya que los alimentos se elaboran con ingredientes muy cuidados en todo su proceso; además, se consumen menos grasas saturadas y los animales consumidos gozan de un mejor trato (solo pueden ser alimentados con piensos vegetales), lo que beneficiará al que lo recibe.

Existen los alimentos *haram,* que son los prohibidos o ilícitos según las normas islámicas. Aquí están la carne de cerdo y todos sus derivados (gelatina, embutidos, manteca de cerdo, etcétera), la sangre y los alimentos elaborados con esta o que puedan contenerla. Animales de tierra sin oídos, como gusanos, insectos, reptiles y serpientes. Aves rapaces y animales carnívoros y carroñeros. Pasa lo mismo si cualquier receta o alimento contiene algo de los alimentos anteriores o se ha cocinado en el mismo recipiente. Las bebidas alcohólicas, las plantas medicinales tóxicas o cualquier sustancia perjudicial para la salud. También, animales muertos antes de ser sacrificados o que hayan sido maltratados. Es indispensable que los animales consuman alimentos *halal* y se sacrifiquen según el ritual adecuado dictado por las leyes islámicas.

Alimentos adecuados o *halal*: en principio, todo alimento o nutriente que no se considere claramente *haram* o prohibido y que en su elaboración se utilice la técnica, maquinaria y pasos adecuados según las normas islámicas. Lo mismo se aplicará a los procesos de almacenamiento y transporte. No se podrán utilizar maquinarias ni utensilios para cocinar que sean utilizados también para elaborar, transportar o cocinar alimentos *haram*.

El pescado siempre será adecuado para la dieta *halal*. Si es de criaderos, deberá ser alimentado con alimentos *halal*. Las aves (pollo, pavo, codorniz, etcétera) sin garras y que no sean carroñeras son *halal*. Los diferentes vegetales, granos y frutas son aceptados.

Los alimentos llamados *mashbooh* o dudosos, que son los que no se sabe si son *halal*, pues se desconocen las condiciones previas a las que fue sometido el alimento, se evitan aunque no sean claramente *haram* o prohibidos.

DIETA KOSHER

La dieta *kosher* o *casher* sigue las pautas del Cashrut, que es el conjunto de leyes dietéticas judías que constan en el *Levítico* (uno de los libros del *Tanaj*).

Los alimentos *kosher* (adecuados o aptos) son:

- Animales rumiantes y que tengan la pezuña partida (el toro, la vaca, la oveja y el cordero). El caballo no tiene la pezuña partida y no sería *kosher* sino *taref* (nocivo) y *no* se debe comer su carne.
- Animales marinos que tengan a la vez aletas y escamas, como el mero, la carpa, el salmón, la anchoa, la sardina, el atún, la corvina, etcétera. En cambio, son *taref* o *no* permitidos, el tiburón, el delfín (a pesar de tener aletas no tienen escamas), el pulpo, la sepia, los camarones o calamares y todos los moluscos y crustáceos (mejillones, ostras, langostinos, etcétera).
- Aves como el pato, el ganso, el pollo, la gallina y la paloma. Están prohibidas o son *taref* el avestruz, el pelícano, la gaviota, el faisán, el buitre, el cuervo y los demás carroñeros, así como el águila, el halcón y todas las demás aves rapaces. Además, los huevos o la leche de animales *taref* o prohibidos continúan siendo alimentos *taref*.
- Todas las clases o variedades de frutas, verduras y vegetales están permitidas, pero no se pueden comer si tienen insectos.

El animal que se va a consumir debe estar perfectamente sano antes de matarlo y se le debe producir el menor daño posible para su sacrificio. La carne luego debe salarse y lavarse para evitar que queden residuos de sangre.

Hay que esperar un mínimo de seis horas para tomar un lácteo (leche, yogur, quesos, mantequilla, helados con leche, etcétera) después de haber comido carne o viceversa. La idea es que tampoco deben mezclarse o coincidir en el estómago. El pescado, en cambio, sí se puede tomar con lácteos. El pescado hace parte del grupo de alimentos *parve*, que son todos los alimentos que no son carne (*besarí*) ni lácteos (*jalabí*) y pueden combinarse con lácteos y carnes indistintamente.

Además, no se pueden emplear los mismos cubiertos, utensilios de cocina o de manipulación de alimentos que puedan tocar alimentos jalabí (carnes) y besarí (lácteos) ni siquiera de forma sucesiva. En muchos sitios, para evitar confusiones, usan cubiertos o utensilios azules para los lácteos y rojos para las carnes. Los productos que claramente son *kosher* pueden ir marcados con una K dentro de un círculo. Eso es más habitual en zonas con una gran presencia de población judía. Los rabinos se encargan de certificar, tras su supervisión, que determinado producto realmente es *kosher*. El rabino o los representantes judíos suelen proporcionar el listado de los productos *kosher* que se encuentran en ese país o zona. Esta dieta ayuda a prevenir enfermedades y mantener la salud, minimizando en parte el sufrimiento animal, por lo que es adoptada por personas no judías en todo el mundo, aunque para los judíos creyentes, en realidad, es un modo de alimentar su alma y su cuerpo a la vez.

LA ANTIDIETA

Combina alimentos para estar más sanos, aumentar la energía, bajar de peso, eliminar toxinas, al tiempo que mejora la digestión. Fue diseñada por Harvey y Marlyn Diamond. Como norma, *no* combina en una misma comida los hidratos de carbono y las proteínas, ya que su digestión necesita diferentes sustancias (más alcalinas o más ácidas).

Se basa además en un horario para ingerir diferentes alimentos. Entre las cuatro de la mañana y las doce del mediodía, es la fase de la depuración o eliminación de toxinas y exclusivamente se comen frutas. De las doce del mediodía a las ocho de la noche, es la fase de la digestión y de máxima energía. Lo ideal sería comer ensaladas, sopas, verduras y hortalizas con una proteína (carne, pescado, huevos, soya, lentejas, garbanzos, fríjoles, tofu, gluten, etcétera, que deben consumirse por lo menos una vez al día) o hidrato de carbono (cereales, como arroz, trigo, avena, centeno, quínoa, maíz, cebada, papa o pasta, entre otros), pero no los dos al tiempo. De las ocho de la noche a las cuatro de la mañana, es la fase de recuperación o reconstrucción corporal y es cuando viene bien dejar descansar el sistema digestivo sin combinar alimentos, lo que hace que se pueda comer cualquiera de ellos de manera exclusiva.

Las mezclas desfavorables son:

- Ácido con ácido: no mezclar vinagre con limón.
- Ácido con almidón: toronja y plátano; vinagre y arroz; limón y espaguetis; pan y toronja.
- Proteína y almidón: pan con lentejas; fríjoles y arroz; huevo y papa.
- Grasas y azúcares: almendras y dátiles; lácteos y azúcar.
- Proteína y proteína: lentejas y huevo; garbanzos y carne o pescado.
- Almidón con almidón: pan y arroz; arroz y patatas; plátano con cereales.

Se recomienda usar aceite vegetal en lugar de mantequilla o margarina. La proteína, especialmente si es animal, se debe acompañar con mucha ensalada.No se toman postres ni endulzantes. Esta dieta elimina toxinas de manera rápida y segura, y se pierde peso rápidamente.

VEGANISMO Y DIETA VEGANA

El veganismo es un estilo de vida que busca respetar a los animales y al medio ambiente, al tiempo que se consumen alimentos solo de origen vegetal, como medio para buscar la salud.

En la dieta de una persona vegana, no entra ningún alimento de origen animal (carne o pescado) y tampoco ningún subproducto (leche, yogur, queso, miel, huevos, etcétera). También rechaza usar prendas de vestir o artículos elaborados con productos animales, como la lana, el cuero, el marfil, etcétera. Además, rechaza la forma en que viven y mueren en condiciones de maltrato millones de animales solo para satisfacer al hombre. Cada año, se destruyen miles de hectáreas de terrenos vírgenes solo para alimentar al ganado, cuando con el cereal destinado a alimentar a los animales se podría alimentar a muchísima más gente. Además, las granjas suelen ser grandes contaminantes, debido a la cantidad de químicos que utilizan y, sobre todo, al dióxido de carbono que generan los gases que producen los animales. El consumo de agua para alimentar a la gente con una dieta sin producto animal también disminuiría, siendo un factor esencial en una sequía.

La dieta vegetariana o vegana debe ser adaptada a cada persona, de acuerdo con su estado de salud, clima en el que vive y edad. Es necesario recibir suplementos de vitamina B 12, pues su carencia produce, entre otras cosas, anemia y enfermedades de los nervios. Considero que se debe tener apoyo cercano de un profesional especializado para evitar otras carencias, malestares y hasta enfermedades. Con la asesoría adecuada, esta dieta es muy saludable y desintoxicante.

DIETA AYURVÉDICA

La medicina ayurveda o ayurvédica fue la primera en tener en cuenta una dieta según el temperamento y constitución o *dosha* de cada persona o paciente. La medicina ayurvédica recomienda una dieta específica adecuada a la salud y la forma de ser, en consonancia con el clima diario, con el propósito de nutrir tanto la mente como el espíritu.

Los alimentos liberan energía y esta ha de ser de buena calidad para estar alegres, activos, vitales, con células sanas en el organismo. Los alimentos de buena calidad son aquellos frescos, con poca grasa y cocinados pocas horas antes de su consumo. Además, influye el clima; en el caso del cálido, el sol calienta el cuerpo y como el estómago está caliente, viene bien consumir helados y ensaladas porque aportan frescura. El estómago obtiene así la temperatura adecuada para una buena digestión. Si se come picante en este clima, se añade más calor al estómago y la digestión "quema", alterando el metabolismo y la salud.

En tiempo frío, comer sopa caliente es adecuado porque el estómago está frío y necesita calor extra para digerir los alimentos. La comida caliente y cocinada hace que el estómago necesite menos temperatura para digerir y metabolizar los alimentos. En cambio, los alimentos fríos y sin cocinar no permitirán que el estómago tenga suficiente temperatura para digerirlos y afectarán la salud.

El equilibrio es esencial; se come un poco de todo, no mucho de esto y nada de aquello. La medicina ayurvédica recomienda que se saboreen en cada comida los seis sabores que existen en la naturaleza: dulce, salado, amargo, picante, ácido y astringente, para que todos los diferentes alimentos aporten sus beneficios al cuerpo.

Se sugiere que no se mezcle en la misma comida: carne, pescado, fruta y productos lácteos, porque cada proteína debe ser digerida por separado para su mejor digestión y metabolismo.

Se recomienda comer solo cuando se tenga hambre, ya que el estómago se pone en funcionamiento cuando siente el estímulo del hambre. Sin hambre, el estómago estará parado y la comida ingerida favorecerá la creación de toxinas que producirán futuras enfermedades.

La medicina ayurvédica distingue tres energías biológicas en el cuerpo humano llamadas *doshas,* que son las que rigen todas las funciones fisiológicas y mentales del cuerpo. Están presentes en todos los seres de la tierra, pero en diferentes proporciones.

Vata dosha está formada por el aire y el éter. Ingresa por la respiración y la descomposición de los alimentos durante la digestión y el metabolismo. Sirve para la respiración de todas las células y el funcionamiento del sistema nervioso. Rige la tercera edad.

Pitta dosha está conformada por el elemento fuego que, en el cuerpo, es el ácido y las enzimas que digieren los alimentos en el estómago y producen el proceso metabólico, creando energía corporal y mental. Rige la edad adulta.

Kapha dosha está formada del agua y la tierra, y se expresa en el cuerpo en los distintos tipos de células que lo conforman. Rige la infancia.

Cuando un *dosha* está en mayor proporción en un cuerpo, se considera que esa persona está más afectada por aquel *dosha* que por los otros dos.

Cada una de estas *doshas*, a su vez, está relacionada con una constitución física y de la personalidad, que sirve de guía para la alimentación, así:

- Constitución *vata*: personas de hombros estrechos, muy activas y que hablan mucho. Su estómago no puede digerir mucha cantidad de comida a la vez, por lo que comen de a poca cantidad cada vez.
- Constitución *pitta*: personas de hombros anchos, de estatura mediana, con ambiciones. Comen de todo con abundancia tres veces al día. Su estómago tiene gran capacidad de digestión y necesitan comer bien para no tener malestar digestivo.
- Constitución *Kapha*: personas corpulentas, simpáticas, lentas, y siempre hambrientas. Han de comer de todo en cantidades moderadas, pero solo tres veces al día. Su metabolismo es muy lento.

La medicina ayurvédica afirma que las enfermedades son generadas por la acumulación o disminución de uno o varios *doshas*. El cuerpo enfermo tiene una composición energética diferente a la que lo regía cuando nació y, por eso, necesita una alimentación diferente para compensarlo, adecuada para su condición, momento y enfermedad.

Dieta según el grupo sanguíneo

Esta dieta sugiere una alimentación diferente según el grupo sanguíneo. Permite perder peso, desintoxicarse y mejorar su salud.

El investigador canadiense Peter J. D'Adamo, encontró que los mismos alimentos no eran beneficiosos para personas de diferentes grupos sanguíneos. Constató que cada persona de un grupo sanguíneo específico está más predispuesta a ciertas enfermedades, pero esto puede compensarse con la alimentación y con cambios en el estilo de vida adecuados para cada grupo. La ciencia conoce que el grupo sanguíneo O, apareció hace 40 000 años, aproximadamente. El sistema digestivo de los hombres de este momento estaba adaptado a una dieta rica en proteínas de animales de caza y en vegetales que pudieran encontrar. Los lácteos y los cereales todavía no formaban parte de la dieta, ya que la agricultura y la ganadería no aparecieron hasta unos 30 000 años más tarde. Estas personas toleran bien la proteína animal, siendo parte esencial de su dieta.

El grupo sanguíneo A sería el agricultor, que surge con la introducción de la agricultura hace más de 10 000 años. La acidez del estómago de las personas de esta era cambió, adaptándose al consumo de los cereales. Tenían mayor dificultad para digerir la proteína animal. En el grupo sanguíneo A, se encuentra la mayor cantidad de personas vegetarianas.

El grupo sanguíneo B sería el pastor: surge hace unos 10 000-15 000 años con el desarrollo del pastoreo. Su alimentación consistía, a menudo, en leche y sus derivados, con lo cual, al cabo de miles de años, su metabolismo se adaptó bien a ellos.

El grupo sanguíneo AB es la combinación del grupo A y B: por ello, toleran bastante bien los cereales y los lácteos.

Existen pruebas de laboratorio que demuestran que existe una reacción negativa a ciertos alimentos considerados inadecuados para cada grupo sanguíneo.

DIETA SEGÚN LA MEDICINA TRADICIONAL CHINA

La dieta según la medicina tradicional china adapta la alimentación del paciente a su constitución física, al clima y a su estado de salud, siendo esta esencial para lograr el equilibrio, la armonía y la salud integral. Es uno de los pilares básicos de la medicina tradicional china, junto al empleo de hierbas, a la acupuntura, la moxibustión y el masaje. Si con la acupuntura y el masaje se moviliza y regula la energía, con la fitoterapia y la dieta se preserva y nutre la esencia. Con la nutrición adecuada, la energía será abundante, los órganos estarán bien nutridos y el *shen* florecerá (el sistema nervioso y las emociones estarán en armonía).

La medicina tradicional china clasifica los alimentos de muy diversas maneras:

- Según su color: los alimentos rojos revitalizan; los amarillos estabilizan y equilibran; los verdes desintoxican, depuran; los negros astringen y tonifican el ying (esencia) y los blancos purifican.
- Según la energía intrínseca o naturaleza del alimento: los alimentos calientes y templados tonifican, calientan, ascienden y movilizan. Los neutros estabilizan, armonizan y centran. Los frescos y fríos refrescan, sedan, astringen e hidratan.
- Según su sabor: cada sabor tiene una característica energética diferente. Los alimentos ácidos astringen, contraen la energía hacia adentro; actúan sobre el hígado y la vesícula biliar (elemento madera). Los alimentos amargos favorecen el drenaje y la evacuación, descienden y secan; actúan sobre el corazón y el intestino delgado (elemento fuego). Los alimentos salados en cantidad

moderada ablandan, lubrifican; actúan sobre el riñón y la vejiga urinaria (elemento agua). Los alimentos dulces ascienden la energía (de los pies a la cabeza) y lubrican; actúan sobre el bazo, el páncreas y el estómago (elemento tierra). Los alimentos picantes mantienen la esencia, excretan los desechos, descienden la energía pura (de la cabeza a los pies) e intercambian la energía; actúan sobre el pulmón y el intestino grueso (elemento metal).

- Según el tropismo del meridiano. Cada alimento tiene un meridiano de impacto principal. Ejemplo: la pera por el meridiano del pulmón, las espinacas por el del hígado, la calabaza por el del bazo, las castañas por el corazón, los fríjoles azukis por el riñón. Así, con toda esta información, se escoge la alimentación adecuada según las necesidades. Se tiene en cuenta la constitución física, la edad, la época del año, el país en que vive, el tipo de trabajo que realiza, el tipo de patología que presenta, el clima, si está cansado o excitado, con sequedad o exceso de sudor, etcétera. No se tiene en cuenta el aspecto cuantitativo (cantidad de alimento), sino el cualitativo (calidad energética del alimento), viendo al ser humano como parte activa del cosmos y no como un ser aislado.

Dieta macrobiótica

La dieta macrobiótica nació en el Japón gracias a George Oshawa, en su búsqueda del equilibrio físico y emocional a través de la nutrición. Se basa en los conceptos de yin y yang, aunque estos conceptos no son iguales a los de la medicina tradicional china, de donde son originarios.

Los alimentos yang tienen energía caliente, tonificante y contractiva, como algunos cereales y leguminosas, además del pescado, la carne, la sal, las verduras de raíz, etcétera.

Los yin tienen su energía fría, dispersante y debilitante, como el azúcar, la miel, los lácteos (leche, quesos y yogures), las frutas (sobre todo las tropicales, como plátano, mango, papaya, piña...), vegetales, como la papa, la berenjena, el tomate y la remolacha, además del alcohol.

La dieta macrobiótica elimina de la dieta todos los productos refinados, como el azúcar blanca, el pan blanco, los embutidos, la carne, los dulces industriales, las bebidas alcohólicas y las carbonatadas.

Las algas marinas se consumen todos los días y es esencial el consumo de cereales integrales (principalmente arroz) y de cultivo libre de pesticidas.

La dieta se debe adecuar al lugar y el clima donde vive la persona, así como su constitución física. Además de la dieta, emplea técnicas como el shiatsu (digitopresión) y el aikido (arte marcial)

Es común que pequeñas alteraciones a la alimentación generen reacciones fuertes en las personas, siendo frecuente ver gran fanatismo entre sus practicantes, aunque a nivel de la salud física, logra efectos importantes en múltiples pacientes con enfermedades graves. Es necesario revisar con frecuencia la cantidad de hierro y vitamina B 12, porque pueden estar disminuidos y producir anemia.

DIETA DE LA ZONA

Mediante la alimentación, busca llevar al mayor estado de eficiencia con mínimo desgaste, lo que se conoce como "zona" en el lenguaje de los deportistas, gracias al equilibrio de los niveles de glucosa e insulina, como medio para la salud y la vitalidad. Nació en Estados Unidos gracias a Barry Sears, quien encontró que si regulaba la cantidad de carbohidratos, proteínas y grasas lograba mantener en equilibrio la producción de insulina y los ecosanoides "malos". El exceso de insulina baja el nivel de azúcar (glucosa) en la sangre, que es transformada en grasa. Si esta se mantiene en equilibrio, se obtiene la grasa de la reserva acumulada de grasa, logrado una gran energía, mayor concentración mental y mejor salud.

Es esencial evitar el ayuno y se recomienda hacer cinco comidas cada día, para evitar que se active la secreción exagerada de insulina.

Se consumen carbohidratos que se transformen en glucosa de manera lenta, evitando los rápidos como el azúcar refinado, la miel, el pan blanco, las harinas blancas, las papas y los cereales. Se consumen proteínas preferiblemente de pescado, pavo, pollo, conejo y jamón bajo en grasa. De los lácteos, solo se consumen los fermentados y no los enteros (leche, quesos), así como tampoco se recomiendan las carnes rojas. También se prefiere el tofu, el alga espirulina, así como la proteína en polvo, la levadura de cerveza o los germinados de lenteja o soya, y todas las leguminosas (soya, lentejas, garbanzos, fríjoles, etcétera).

De las grasas o aceites, se prefiere el de oliva y el aguacate, o el de frutos secos, como la almendra o los pistachos.

Se pierde peso, se mejora el rendimiento físico y se mejora la salud, al tiempo que se activan todos los sistemas propios de desintoxicación. Para lograrlo, se debe mantener un equilibrio permanente de proteínas, carbohidratos y grasas, de acuerdo al peso, sexo, porcentaje de grasa corporal y actividad física de cada persona.

La falta de memoria, la pérdida de masa muscular, así como el bajo nivel de energía y de estado de ánimo, acompañado generalmente de altas tasas de colesterol, suelen ser señales de que la dieta se ha alejando de la zona.

Quiero manifestar que cada uno de estos estilos de alimentación y de vida, por sí solos, se vuelven favorecedores del proceso de desintoxicación natural que tiene el organismo, pues lo activan directamente y si además sus componentes se escogen de manera adecuada, se disminuirá la toxicidad con respecto a la que se recibe a diario de la alimentación promedio. Así que todas son útiles, siempre y cuando las pueda adaptar a su cuerpo, su mente y su estilo de vida y las expectativas que tenga para sí mismo. Dado que lo expuesto aquí es una simple introducción a cada dieta, aconsejo documentarse bien y buscar apoyo calificado para avanzar de manera segura.

Capítulo 9

Silencio

El hombre se adentra en la multitud
para ahogar el clamor de su propio silencio.

RABINDRANATH TAGORE

Así como el organismo se purifica con el ayuno, y muchas veces el cuerpo no manifiesta hambre como medida para poder eliminar las toxinas, lo mismo le pasa a la mente, la emoción y la energía por medio del silencio. Gracias a él, podemos retirar lo que nos sobra a estos niveles de manera segura y profunda; por eso, nuestro ser nos pide el silencio en todas las formas.

Para acercarse a él, es bueno tomar conciencia de todo el ruido exterior que acompaña nuestra vida. El ruido de los carros y las motos de las calles se acompaña del alto volumen de la radio o la televisión dentro de nuestros hogares. Cada aparato que utiliza electricidad emite su cuota propia de sonido, que se puede percibir con solo poner un poco de atención. Si salimos a un restaurante o a un supermercado, nos vemos inmersos en el murmullo permanente de fondo, acompañado de nuestro parloteo constante y del timbre frecuente de los celulares con los *ring tones* más variados, en competencia permanente.

Sin embargo, el ruido más molesto es el propio, o sea, el de nuestros pensamientos, que nunca dejan de producirse y que si les ponemos mucha atención, logran agobiarnos.

Afortunadamente, así como existe el ruido, el silencio también, pues la vida busca el equilibrio entre las fuerzas opuestas y complementarias que la constituyen, solo que, a veces, notamos solo una de las dos partes de la realidad. Así que acceder al silencio interior cuando hay ruido exterior es posible si ponemos toda la atención al ruido por unos segundos, ya que por defensa automática nos centraremos en otro punto de atención sin notar el ruido. Esto se puede comprobar poniéndole atención al sonido de un aire acondicionado ruidoso al momento de dormir, por ejemplo; luego de unos instantes, dejaremos de oírlo y nuestra atención estará en el interior.

Recomiendo buscar momentos de silencio exterior varias veces al día y no hacer nada para llenarlos de hechos del mundo interior, ya que en el silencio buscado es que se encuentran las verdaderas raíces de la capacidad de crear todo lo necesario y valioso para la propia vida. Esto se debe hacer en medio del bullicio, sin renunciar a vivir en él, sino, por el contrario, en medio de este, como quien dice, permaneciendo en la calma que existe en el ojo del huracán.

Estos momentos de bullicio dentro del día se pueden complementar en la noche, sin ruido exterior, sin televisión ni radio, y se pueden ampliar a los fines de semana y las vacaciones, donde las curas del silencio fortalecen de tal manera, que se queda recargado para intensas jornadas de ruido. Si en realidad aprende a buscar y a disfrutar el silencio exterior, estará en la línea de usar la meditación como medio seguro para lograr el silencio interior que complementa, de manera eficaz, el reconfortante momento de paz absoluta que se alcanza por medio de esta práctica.

Por medio de la búsqueda del silencio, se podrá entrar en un mundo esencial y transformador. Si llegamos y permanecemos allí, lo buscaremos muchas veces más para consejo y compañía, pues sabremos que lo que el sabio Confucio enseñó es real: "El silencio es el único amigo que jamás traiciona".

Podríamos empezar por definir el silencio como la ausencia de cualquier sonido; sin embargo, solo estaríamos diciendo lo que no tiene y no lo que es en realidad. Así que la única forma de saber qué es el silencio es llegar a él y conocerlo directamente.

Según mi experiencia, compartida por amigos muy especiales que han evidenciado su existencia plena, hay varias reflexiones sobre el silencio que quiero compartir.

¿QUÉ ES EL SILENCIO?

El silencio es el espacio que permite la libertad; siempre nos lleva a la luz y a la claridad de todo. Todo lo sabe, por esto, comúnmente, se evade. Nos sigue siempre, aunque nos adelantemos. Nos espera siempre, pues es la antesala de todo.

Es la gran motivación de los sabios, es la cumbre a alcanzar, donde está el espejo de la verdad y la ermita de la reflexión, así como el valle libre donde habita la propia identidad. Es el norte que se quiere conquistar, el sur que se quiere recordar, el oriente que se alaba y el occidente por el cual trabajar.

¿CÓMO ES EL SILENCIO?

Este se conoce solo cuando se vive, así sea que se capte solo algo de su esencia, pues es imposible de abarcar, como la inmensidad, dado que el silencio no tiene altura, carece de abismos, no relojes, se rige por el tiempo, siempre está y nunca se va. No tiene fronteras, es extenso, nunca se termina de recorrer y con cada paso que damos en él, más distante se hace su horizonte. Se entra en él, pero nunca se posee. Tiene todos los colores, pero no lo rige ninguno. Es el punto medio de toda distancia y el centro de todo recorrido. Es sutil, pero fuerte; no cuestiona, y sin embargo todo lo dice. No niega, y sin embargo todo lo afirma; da todo y nunca miente.

¿QUÉ TIENE EL SILENCIO?

Tiene el agua fresca llamada existencia. Tiene la sutil caricia, la cima del triunfo y la compasión bondadosa. Tiene la fuerza de la templanza. Su secreto es la sombra, su sonido es el verbo y su estancia infinita. De todo guarda, porque de todo tiene. Se hace barca del peregrino, el aliento que motiva y el ideal mismo de los sueños. Desconoce la orfandad y llama poder al intento. Su apellido es la virtud y su esencia la libertad.

¿QUÉ SE ENCUENTRA AL ESTAR EN EL SILENCIO?

El lecho donde se encuentra el descanso. Allí está el faro que ilumina en las oscuridades que tengamos en la vida. Por eso, nos libera y desintoxica.

De su agua beben todas las conciencias, de su fuego se nutre la luz en todas sus manifestaciones.

Ante el justo se presenta y del incorrecto huye. Al inocente le regala su magia, al prudente su triunfo, al humilde su trono y al triste la esperanza. Sostiene al enfermo, fortalece al débil y conforta al tímido. Es entonces el árbol que todo lo entrega, la sombra que refresca y, si es necesario, es el mismo que calienta.

Al dormido lo despierta y al despierto lo activa. Decapita a la indiferencia, detiene a lo precipitado, danza con el movimiento y se aleja con la quietud.

Con el amor se ilusiona y con la traición desaparece. Pacta con el propósito y al miedo destierra. De la verdad se hace espejo y de la mentira tumba. Nadie puede engañarlo, porque al mercader apresa. De su esencia todo presta, al correcto premia, y al fatuo inquieta.

CALLAR

No es lo mismo el silencio que callar. Algunos sabios llaman "callado tiempo" a ese acto de callar, impuesto por otros o uno mismo, motivado por el miedo, la debilidad o la incapacidad y que produce alta toxicidad interior, con sus respectivos malestares y sufrimiento.

Hay ocasiones en las que sí es correcto callar, reconociendo la sabiduría popular de que uno es dueño de lo que calla y esclavo de lo que dice. Es apropiado cuando guardamos secretos que nos corresponde respetar, o cuando evitamos un conflicto innecesario al no entrar en una discusión sin sentido con otra persona. También lo es si nuestro lenguaje va a ofender, o busca lesionar o engañar a alguno. Muchas veces es prudente y sabio callar si no se tiene nada valioso que decir.

Sin embargo, cuando estamos obligados a callar por la imposición, entramos en la toxicidad que nos da el "callado tiempo". Así como entrar en el silencio verdadero es una estrategia desintoxicadora muy profunda de la mente, la emoción y la energía, en este caso, quedarse en el callado tiempo es intoxicarse. Si se habla, en ese caso, se logra la liberación de lo que nos atormenta; y si no se puede hacer mediante la palabra hablada, se puede mediante la escritura o, como muchos artistas lo han realizado desde siempre, mediante la obra artística que expresa todo lo que acontece en el interior y que era esclavo del callado tiempo.

El violento, el intolerante y el manipulador no llegan al silencio, solo al callado tiempo. Le temen, pero no pueden desterrarlo. Lo evaden, pero saben de él, por ser la voz interior.

Solo disfrutan del silencio los que están en paz interior. En el silencio, la voz interior es auténtica. El silencio es la ermita de la verdad donde no cabe la mentira. Desafortunadamente, si la víctima de una agresión no puede expresar su dolor y sufrimiento, también es conducida al callado tiempo.

Siendo el silencio la expansión sin límites, la misma esencia de Dios con la verdad que se expresa, si algo se contrae, limita o con-

trola, ya no es de él; es parte esclava del callado tiempo. El silencio
nada ata. Por eso, no importa lo que se calle y la maldad que un ser
haga aunque no se sepa; el callado tiempo no lo podrá guardar por
siempre y, algún día, el silencio le dará su libertad.

SOLEDAD

Hay que diferenciar la soledad del aislamiento, que es el aban-
dono como consecuencia del estilo de vida moderno que millones
de personas están obligadas a padecer hoy en el planeta. Por soledad, me refiero a esa búsqueda consciente del mundo interior que
necesariamente nos aleja del exterior, por cortos, medianos o largos
periodos.

Muchas veces se dice que la soledad es la esposa del silencio y
que como hacen una muy buena pareja, son inseparables. La soledad
en realidad *no* es la esposa del silencio, es el mapa para llegar a la
verdadera esposa del silencio, que es la esencia. Entonces, la soledad
es el camino que conduce a la esencia, a la esencia misma del silencio.

Para mí, la soledad es la luz que suma en edad el resultado de la
obra hecha en la vida, porque me gusta jugar con las palabras para
buscar significados más completos. Así, la soledad sería la edad del
sol. Si se sigue el juego, la luz se puede igualar al tiempo, ya que el
tiempo depende en realidad de la luz. Así, podríamos decir que si se
sabe cuánta luz tiene alguien, se podrá saber su verdadera edad, la
de sus conciencias.

¿Quién interpreta mal la soledad? El que no está en la mitad, en
su propio centro, así ni ve la luz, ni sabe su verdadera edad. Suman-
do el sol con la edad, el resultado será la esencia. Si el centro, además
del resultado, comprendido entre el sol y la edad es la esencia, no
tengo problema con identificar la plenitud del ser. Como esencia, me
reconozco y, por lo tanto, el sentir me dice dónde estoy en mi vida.
Aquel que rechaza a sus padres renuncia a su título de hijo. Por lo
tanto, para hallar la esencia hay que ser peregrino del silencio, cami-
nando con la luz de sus conciencias.

¿Quién le teme a la soledad? El que no entiende el conocimiento. Toda pareja engendra algo por el mismo poder de la creatividad. ¿Qué podría engendrar el entendimiento del conocimiento? La sabiduría. Esta es el parto de la trascendencia. Entonces, le teme a la soledad aquel mismo que le teme a la sabiduría.

¿Quién le teme a la esencia y al silencio? Quién le teme a la luz que allí mora.

La luz es claridad y muestra todo lo que señala o revela el conocimiento, ya que todo lo ve. La edad es la que trae el entendimiento con comprensión y vivencia de lo conocido. Soledad es conocimiento más entendimiento pleno, lo que da la sabiduría. Así, al tener edad en la vida, a nivel de cualquiera de nuestras conciencias, la naturaleza misma nos demandará la luz que debemos emitir. Si pensamos que somos focos de luz cuya función es iluminar, a medida que avanza el tiempo, nuestra luz será cada vez más necesaria en la oscuridad reinante.

En resumen, la soledad es el camino sabio que nos lleva a la esencia misma del silencio. Si mediante el ayuno purificamos al cuerpo, mediante el silencio purificamos al ser.

Capítulo 10

Amor

El verdadero amor no es otra cosa que el deseo inevitable de ayudar al otro para que sea quien es.

JORGE BUCAY

Todos tenemos nuestra versión sobre el amor y nuestra forma de acercarnos a él. La ciencia se ha acercado de manera reduccionista y ha aportado mucho desde su visión sobre la forma como "el mal amor" afecta nuestra salud y bienestar, así como también vislumbra que el amor puede ser una "medicina milagrosa". Los enamorados no lo entienden, pero gozan y sufren con él. Los abandonados lo añoran y los violentos lo ignoran. Veamos cómo puede ser el amor una herramienta esencial de desintoxicación de la cual todos podemos beneficiarnos.

El amor es la esencia misma del creador en la vida, aunque como seres humanos seamos incapaces de llegar a conocer su realidad íntima. Es la fuerza coherente que renueva todas las cosas, con él se puede transformar cualquier cosa, desde una fatiga, o un dolor emocional, hasta una enfermedad.

Su presencia llena nuestra vida de gozo y su ausencia nos colma de dolor. Con su fuerza, hemos conquistado cimas y cuando ha sido esquivo, hemos caído a abismos. Debo reconocer que el verdadero amor es incorrupto, que como esencia viva nos enseña que recibimos de él en igual medida, forma y manera que se entregue.

PSICONEUROINMUNOLOGÍA

La ciencia médica ha empezado a reconocer que la manera de pensar y sentir influye directamente sobre nuestra salud, actuando sin restricciones sobre el sistema nervioso, sobre la inmunidad y sobre el sistema endocrino.

Hay un camino para desintoxicarse de lo que nos sobra a nivel afectivo, que consiste en utilizar el amor en tres modalidades que se ha comprobado que actúan favorablemente en toda esta cadena de sistemas orgánicos.

Las tres formas son: el amor a uno mismo, el amor a los demás y a lo demás y el amor a lo que hacemos en la vida cotidiana.

Amarse a uno mismo no significa narcisismo, orgullo o soberbia, sino simple y llanamente saber que uno mismo es lo más importante que cada ser tiene. Esta acción nos dará un sistema inmune fuerte, que nos protegerá de caer en las enfermedades autoinmunes, donde nuestro sistema de defensa se ataca a sí mismo. Si nos odiamos, nos recriminamos, nos reprochamos y nos menospreciamos; el efecto dominó desafortunado de estos sistemas se dejará ver. Amarse a sí mismo significa referirse a uno mismo en términos amables, darse alimentos adecuados, descanso necesario y sobre todo ser comprensivo con nuestras fallas. El maltratarse a uno mismo o "darse palo", como se dice popularmente, no beneficia en nada y solo aumenta la autoagresión y sus efectos desafortunados. Por supuesto que una complacencia e indulgencia para consigo mismo tampoco es la estrategia. El punto de equilibrio bien puede entenderse como un autocuidado responsable, una manera presente de la verdadera disciplina con amor que se sugiere a los padres y educadores para con los niños.

Amar a los demás es en realidad más sencillo que amarse a uno mismo; sin embargo, se enfrenta el obstáculo del odio y el rencor que tanto prevalece de manera fácil en todo tipo de relaciones. Bien se sabe como estos estados alteran nuestro sistema de defensa, aumentan la presión arterial y favorecen la aparición o agravamiento de múltiples enfermedades. El amor a los otros inicia con la simple y esencial tolerancia, se fortalece con el respeto y tiene su avance con la aceptación por la diferencia, pero no florece sin el perdón. Este perdón no es olvidar, justificar la acción del otro, o negar lo ocurrido. Es, en realidad, recordar sin dolor, porque se ha aprendido la lección. Este perdón es en realidad la reparación total de la pena, es el aliento que acompaña a la soledad para todo tipo de bienestar. El verdadero perdón renuncia a toda condena porque el juicio no impera. El perdón inadecuado justifica la condena, haciendo imposible la libertad. Esto nos exilia de la conciencia, y nos hace naufragar en el círculo vicioso de nuestra mente; quedamos en la imposibilidad, anclándonos en esa época de la vida, convirtiéndonos, sin quererlo, en cómplices de la causa primaria. Dicho de otra forma, quedamos presos del duelo sin término ni liberación. Entonces, cuando la consecuencia pasiva persiste, el estado débil nos lleva a buscar la ayuda, pero mediante la victimización ante los demás y así nunca se logrará el restablecimiento del orden de vida. Por el contrario, la conciencia activa del perdón, buscando también la ayuda de los demás, nos fortalece, alienta y restituye las ganas de luchar para conseguir el premio de la sanación real.

La estrategia del perdón es el secreto de la alquimia que nos conduce a la libertad espiritual. Así, se puede de nuevo desplegar ese amor a los seres queridos y hasta a la naturaleza, sin estar inhibido o alterado por la rabia y el dolor.

Ese amor, que es terapéutico y al que me refiero, es conocido en el Tíbet como la compasión, que significa la acción consciente de ayudar a mitigar el sufrimiento del otro. Es un amor altruista, que no ata ni lesiona, sino que, por el contrario, libera. También es una forma de ternura que fácilmente se siente por los pequeños.

Es tan saludable, que los cuidadores compasivos de enfermos son los que mejor la pasan en las epidemias.

Amar lo que se hace nos da el gusto de la actividad que desarrollamos y la confianza en que vale la pena vivir, pues disfrutamos el vivir en la acción que hacemos en cada momento.

En esencia, el amor a uno mismo mejora el sistema inmune con claros beneficios para la salud. El amor a los demás, además de favorecer las correctas relaciones, nos da una excelente salud mental. Y el amor a lo que se hace es la clave para lograr la prosperidad. Si ese amor lleva ternura y compasión, la desintoxicación estará garantizada.

TERNURA

Es mirar con los ojos de la humildad, contemplar con el sentir del alma, reconocer con la bondad del espíritu y vibrar con la nobleza del cuerpo. Al no tener la ternura desarrollada, aparece el temor, que es sabio como instinto, pero si persiste, solo nos habla de abandonar, quebrantar o huir.

Por eso, es esencial que reaparezca la ternura, que para el bebé es el manto que lo cobija y contiene; en el niño, se transforma en el respeto que hace que valore la diferencia como un reto a aceptar y aprender. Además, se convierte en la nota clave de las relaciones con los demás.

En el adolescente, es la mejor de sus aliadas para acercarse al sexo opuesto sin ofender ni lastimar.

Al adulto lo proyecta de nuevo a la infancia, donde el gozo, la capacidad de sorpresa y el deleite de los sentidos le permiten comprender que la vida no es gris y fría sino, por el contrario, un arcoíris cálido y hermoso.

La ternura colma pero no embriaga, señala pero no se cansa, seduce pero no esclaviza, incita pero no miente, alienta pero no cobra, protege pero no daña, acompaña pero no perturba y aconseja pero no manipula.

En la vivencia plena de la ternura, se encuentra el anciano que ha gozado la vida y que ya no se deslumbra por el éxito efímero de lo material. Vivir la ternura, además de otorgarle el infinito gozo al organismo, puede eliminar lo que le sobra al ser.

PARTE III

Terapéutica

Capítulo 11

Terapias naturales

Decir que algo es natural
significa que se puede aplicar a todas las cosas.

SÓCRATES

Además de las cinco estrategias naturales (ayuno, agua, nutrientes esenciales, dietas y curas) explicadas detalladamente en capítulos independientes y que por sí solas son terapias completas para liberar al cuerpo de diferentes tóxicos, hay cinco más a las que me referiré en este capítulo. Estas también son métodos eficaces de eliminación de tóxicos, y pueden ser aplicadas de manera sencilla por pacientes o terapeutas.

Hablaré de la limpieza intestinal, la terapia de quelación, el empleo de la ionización, el baño sauna, y el empleo de hierbas por diferentes vías.

LIMPIEZA INTESTINAL

Recordemos que la vía digestiva y sobre todo los intestinos son los depósitos finales de lo que recibimos por vía oral y que no es absorbido por el cuerpo. Por eso, su limpieza es esencial para retirar todo lo que se acumula en sus paredes que, además de ser tóxico per se, genera un ambiente de tipo ácido que propicia la proliferación de bacterias patógenas, parásitos, virus, hongos y demás, que alteran el buen funcionamiento intestinal y son causantes de diversas enfermedades. Esta limpieza difícilmente se produce con las dietas, con el ayuno se alcanza en mayor grado, pero existen dos estrategias directas para lograr una limpieza completa. Una por vía oral y la otra directamente por el recto.

La estrategia por vía oral se practica en la India desde la Antigüedad y se conoce con el nombre de *shank prakshalana,* que consiste en hacer correr agua a través de todo el tubo intestinal, hasta evacuarla con el mismo color que se ha ingerido, lo cual indica que el proceso ha concluido. Se utiliza agua salada, con alto grado de concentración de sal, lo que garantiza que no se absorba por el intestino y que no vaya al riñón, alterándolo. Por ser salada, además de tibia, favorece que se desincruste todo lo que está adherido a cualquier parte del tubo digestivo. La práctica se acompaña de movimientos corporales para agilizar el tránsito del agua.

Es un método natural y casero que limpia todo el tubo digestivo, generando un gran bienestar posterior. Al finalizar, se debe ingerir comida, como arroz cocido, antes de que se cumpla una hora. Durante dos o tres días antes y después de la limpieza, lo ideal es hacer una dieta libre de todo tipo de grasa, productos químicos, bebidas carbonatadas, comiendo de preferencia frutas, verduras y cereales integrales. Esta práctica está contraindicada en pacientes con úlceras, gastritis, colitis, mal estado general, deshidratación, tuberculosis y cáncer. Sin embargo, una gran variedad de pacientes con diferentes enfermedades pueden hacerla siempre que cuenten con un acompañamiento calificado.

Aunque con el uso de diferentes hierbas, algunas incluso muy irritantes, se puede llevar a cabo una limpieza del colon al ingerirlas por vía oral, a veces es insuficiente. La limpieza ideal es la hidroterapia por vía rectal (debe ser realizada por un especialista), que supera con creces los resultados de los enemas caseros o medicados que se hacen para evacuar el intestino en caso de estreñimiento. La colonterapia, como se conoce este método, utiliza agua en movimiento mediante un sistema de circulación de agua con diferentes temperaturas, generalmente acompañada de algunas hierbas medicinales y produce la desincrustación de todo el material de desecho que habita en el colon. Se hace hasta con treinta litros de agua en circulación continua y se acostumbra repetirla en la misma semana. Es ideal mejorar la dieta y hacer entre seis y diez sesiones en total, en un tiempo no mayor a tres meses. No es bueno hacer el ciclo más de dos veces por año, pues altera la flora intestinal. Es indispensable que se consuman probióticos en la dieta durante toda la terapia para volver a repoblar el tubo digestivo de bacterias benéficas. Se debe hacer con precaución en pacientes con afecciones del colon, tales como diverticulosis grave, colitis ulcerosa, o cirugías del colon previa. En cada caso, se debe evaluar el riesgo o beneficio de la terapia. Su utilidad es evidente en el estreñimiento y en el síndrome de intestino irritable y ofrece múltiples beneficios para la salud general. Así como limpia el colon, desintoxica la piel y el pulmón, hecho que se explica por la medicina tradicional china, donde estos tres órganos son integrantes de la energía del metal, lo que hace que lo que le ocurra a uno repercuta directamente en los otros dos.

QUELACIÓN

La quelación es un método empleado por la medicina para retirar agentes tóxicos mediante alguna sustancia que se une a estos, lo que permite su eliminación natural. Se sabe que los metales pesados, como aluminio, mercurio, arsénico, plomo, cadmio y níquel, así como las dioxinas, entre otros agentes tóxicos, son particularmente difíciles de eliminar de nuestro organismo. La quelación se puede hacer con diferentes sustancias, pero una de las más comunes es el EDTA (Ácido Etilen Diamino Tetracético), un anticoagulante que se aplica por vía endovenosa junto a otros nutrientes. Sin embargo, si se hace de una manera muy rápida, los tóxicos que salen de los tejidos entran a la vía circulatoria, generando efectos tóxicos en su proceso de eliminación y afectando incluso a los riñones.

También, existe una alternativa eficaz que se conoce como quelación oral, que incluye agentes quelantes naturales; si se hace de manera gradual, acompañada de una gran cantidad de agua, por lo general, no presenta ningún tipo de reacción desfavorable. Se emplea DMSO (Dimetilsulfóxido), MSM (Metilsulfonilmetano), ajo, clorella, cilantro, ácido lipoico, selenio, vitamina C, NAC, el mismo EDTA y el zinc, entre otros. Los beneficios son evidentes en todo el organismo y vale la pena realizarlas en pacientes con toxicidad compartida, sobre todo, si está relacionada con el sistema nervioso.

Es importante anotar que el alga clorella, que es el mayor agente quelante contra metales pesados, debe estar totalmente libre de los agentes tóxicos que pretende eliminar. En las etiquetas de los productos comerciales, esto debe quedar claramente especificado para que puedan cumplir su labor sin afectar la salud.

Ionización

Muy pocas personas atribuyen sus cambios en el estado de ánimo o en su salud al tipo de aire que respiran. Sin embargo, hay evidencias sólidas que demuestran lo contrario, debido a las partículas tóxicas que se pueden inhalar y a la carga eléctrica de tipo positivo. Entonces, es ideal retirar el exceso de iones electropositivos de nuestro cuerpo y del entorno, así como se necesita aumentar los negativos. La carga de iones negativos se produce en el ambiente naturalmente después de las tormentas, en el campo abierto con aire puro, cerca de cascadas y/o caídas de agua. Esto mismo se puede lograr en ambientes cerrados con aparatos eléctricos o fuentes de agua. Estas últimas son pequeñas cascadas que deben tener elementos naturales, como piedras, que liberan iones negativos al caer el agua y limpian el ambiente. Las máquinas que funcionan con electricidad y que generan iones, llamadas ionizadores, pueden ser de tres tipos principalmente.

El primero carga el aire que se respira directamente, o el oxígeno, por cánula nasal. Por este medio, llega una muy alta concentración de iones negativos, que favorece la oxigenación de los tejidos, disminuye las alergias, retira los dolores de cabeza y ayuda a la expulsión de la mucosidad respiratoria, entre muchas cosas más. Es ideal para favorecer la eliminación natural de impurezas por la vía respiratoria.

El segundo tipo genera un ambiente alcalino y cargado de iones negativos en una pequeña bañera de agua caliente con sal marina; mediante una carga eléctrica controlada, se pueden aportar suficientes iones negativos por medio de los pies o las manos, lo que permite la excreción de tóxicos por los poros de la piel, que al oxidar la sal, producen colores diferentes en el agua. Lo interesante es el grado de bienestar que resulta en la gran mayoría de pacientes, mejorando su vitalidad, el aspecto de su piel, sus funciones vitales e incluso sus parámetros de laboratorio clínico (enzimas hepáticas y lípidos, entre otros).

El tercer tipo es una colchoneta o banda que emite gran cantidad de iones negativos, que además de ayudar a vitalizar, es ideal para neutralizar la toxicidad de las radiaciones, sean o no ionizantes, entre otras funciones, propias de la alta cantidad de iones negativos que deja en el ambiente.

Baño sauna

El baño sauna es un antiguo sistema de baño de vapor, de origen nórdico y escandinavo, que se realiza en un recinto cerrado a temperatura de 80 °C o más, que permite la transpiración abundante. Si es con gran humedad y menor de 70 °C, se conoce como baño turco.

El baño sauna limpia la piel y el organismo. Al sudar más, la sangre circula mejor y se elimina una gran cantidad de toxinas. Previene resfriados y gripes, porque los contrastes entre calor y frío preparan el cuerpo para afrontar los cambios climáticos. También ejercita el corazón, aumentando el ritmo de las pulsaciones, igual que al realizar ejercicio; así, doce minutos de sauna equivalen a correr tres kilómetros. Es un gran relajante, reduce la retención de líquidos y regula la función hormonal, entre muchas cosas más.

Para obtener todos los beneficios del baño sauna, es necesario practicarlo de una a dos veces por semana, siguiendo un sencillo ritual que dura, por lo menos, una hora. Hay que empezar por dejar afuera las preocupaciones, las prisas, la ropa, los relojes y las joyas. Basta con una toalla para tumbarse encima o rodearse con ella, ya que el vestido de baño resulta incómodo.

Antes, es ideal bañarse con agua caliente y jabón, y entrar bien seco, sin dejarse enfriar. Al entrar al sauna, es mejor ubicarse en los asientos bajos, donde hace menos calor, para salir a los diez minutos. Luego, enfriarse al aire libre o mediante una ducha o una piscina fría por un minuto, aunque no es recomendable una transición demasiado rápida del calor al frío, sobre todo en personas debilitadas. Es bueno beber un poco de agua y secarse antes de entrar. La segunda entrada puede durar el tiempo que se soporte, sin llegar a extremos, para volver a salir al frío y terminar con una tercera entrada del mayor tiempo que pueda, esperando que haya sudoración en todo el cuerpo. No se recomienda una cuarta entrada porque puede perderse potasio, esencial para el cuerpo.

FITOTERAPIA

La fitoterapia es el arte y la ciencia de restaurar la salud mediante remedios de origen vegetal. Estos remedios son lo que llamamos hierbas y pueden provenir de árboles, arbustos, algas o líquenes. En este tipo de productos se emplea la planta completa o una parte de esta, pero no los productos químicos aislados que se originan de los extractos de plantas. Se puede usar la raíz, el rizoma, el tallo, las hojas, los frutos, las flores, las semillas, etcétera.

Su función principal es estimular los procesos propios que tiene el organismo para recuperarse y restablecer su propio equilibrio.

Cuando se utiliza la planta completa para el remedio, generalmente, se trata de compuestos de fácil asimilación y de baja o nula toxicidad.

Desde la Antigüedad, los pueblos han usado las hierbas medicinales con infinidad de propósitos, siendo el de desintoxicación uno muy especial. Citaré solo algunas de las muchas plantas con este tipo de efectos.

Se conocen como depurativas, es decir, que estimulan la propia capacidad depurativa del organismo, todas las hierbas que tienen propiedades diuréticas, las que fluidifican la sangre, las que estimulan la circulación del sistema linfático, así como las que protegen y ayudan a desintoxicar el hígado. También, caben en este grupo las que reducen la concentración del colesterol en la sangre, las que estimulan el sudor y, en ocasiones, las expectorantes.Entre las diuréticas que ayudan a eliminar residuos tóxicos, están la ulmaria, el fresno y el equiseto, entre otras. Para proteger y desintoxicar el hígado, está la alcachofa, el cardo mariano, el diente de león, el boldo, la lavanda, la ortiga, el romero y la oliva. Para el sistema linfático, está el meliloto, para mejorar la permeabilidad y resistencia de los capilares sanguíneos, está la grosella negra, el cerezo, el arándano, el ginkgo biloba y la vid roja, entre otras. Además, las que producen sudor, como el sauco, el tilo y la borraja.

Estas plantas se pueden tomar en infusión, jarabes o cápsulas. Algunas plantas, como la raíz de *achyranthis*, la raíz de *paeoniae rubrae*, el ginseng siberiano, la artemisia (*iwa yomogi*) y la *caragana sinica*, entre otras, se emplean mediante parches para aplicar en la piel.

Hay remedios caseros que he ido conociendo a lo largo de los años, de maestros que merecen todo mi respeto y que, con el tiempo, he aplicado con éxito. Además, son del estilo de acciones que los pacientes prefieren. Si bien es cierto que para nosotros, los terapeutas, y para algunos pacientes de las ciudades, es más deseable la formulación de medicamentos que ya vienen en presentaciones industriales, para un gran grupo de personas, el hecho de hacer algo en su hogar, que se sabe que es natural, aunque signifique un esfuerzo, motiva más, logrando aumentar el beneficio recibido.

Estos son algunos de los muchos remedios que pueden ser aplicados en los hogares y que ayudan en el proceso de desintoxicación general.

En todos los casos, luego de que el agua hierva en una olla, se apaga el fuego y se sumerge la planta en cuestión en cantidad abundante, con la olla tapada, a manera de infusión, para luego ungir el cuerpo de manera suave. Aunque no sea un aceite, como se acostumbra para la unción, se hace de cerca, sintiendo el calor del cuerpo, con contacto suave y masaje respetuoso, descubriendo solo la parte que se ha de humectar, idealmente en silencio, donde solo el roce de las manos o el paño humedecido, además de la respiración, sea lo que se escuche, aunque una música suave puede ser un buen complemento. Se hace con detenimiento, paciencia y penetración. El cuerpo no se debe dejar descubierto luego de ser humectado para que el bienestar perdure.

El pasto es ideal para vitalizar, retirar el cansancio y la sensación de pesadez, en personas debilitadas, o en periodos de ayuno o desintoxicación. Si el malestar sobreviene luego de recibir malas noticias de cualquier tipo, el uso de cáscaras de roble evita en gran parte el efecto alterante y tóxico de estas. Si hay irritabilidad, malestar o molestia luego de un conflicto severo y se necesitan fuerzas para enfrentarlo o soportarlo, la frondosa vegetación del pino es la ideal. Y si el problema es estar ensimismados por preocupaciones, tensiones, temor, o incluso como parte de una personalidad tímida, recomiendo la unción con ramas y hojas de arrayán; sana las heridas emocionales y permite volver a mirar hacia el mundo exterior.

Capítulo 12

Terapias energéticas

Lo que sabemos es una gota de agua;
lo que ignoramos es el océano.

ISAAC NEWTON

En un capítulo anterior, mencioné la homotoxicología que, mediante la homeopatía, logra procesos de desintoxicación profundos y específicos. En este capítulo, me referiré a otras terapias energéticas, de las que he escogido solo siete que considero muy eficaces. La desintoxicación que logran no es solo al nivel de la energía, sino que su efecto también se da en las áreas mental, emocional y física. Las terapias que describiré brevemente son la terapia Tomatis, la cromoterapia, la terapia floral, la sanación, el neurofeedback, la biorresonancia, el yoga y la meditación. Cualquiera de estas y otras terapias tienen asiento en la sintergética, que es una vía de integración de los diferentes sistemas terapéuticos para hacerlos más eficaces y revelar que son complementarios entre sí. Su creador es el médico colombiano Jorge Carvajal, del que me honra ser su alumno y amigo.

El método Tomatis

Hace cerca de medio siglo, el médico Francés Alfred Tomatis, especialista en otorrinolaringología, hizo una serie de importantes descubrimientos sobre la voz y la audición humanas, que lo llevaron a diseñar un método para reeducar la manera en que escuchamos, mejorar el aprendizaje y las habilidades del lenguaje, así como la comunicación, la creatividad y el comportamiento social.

Demostró que las ondas sonoras afectan el cuerpo de diferente manera, ya que las de baja frecuencia (0-1000 Hz) afectan el cuerpo y la función vestibular. Los sonidos que no se pueden oír se pueden sentir. Las frecuencias medias son las del lenguaje y la comunicación (1000 - 3000 Hz) y las altas energizan y afectan las operaciones mentales y psicológicas (3000 – 20 000 Hz).

Todos sus valiosos descubrimientos conforman hoy la ciencia de la audiopsicofonología, lo que significa que se estudia la integración de la audición y la fonación (el habla) con el sistema nervioso y el estado mental y emocional.

Su trabajo terapéutico se conoce como el método Tomatis, que consiste en aprender a *escuchar* a través de un camino dirigido por cinco fases de la escucha, que van desde el vientre materno (líquida) hasta la del recién nacido, el niño y el adulto (aérea).

Con la nueva tecnología (el oído electrónico diseñado por Tomatis) y un adecuado diagnóstico profesional, se puede reeducar la forma en que escuchamos, volviendo a pasar por todas las fases de la escucha, para corregir la etapa donde no tuvimos la estimulación o la respuesta adecuada, lo que nos puede llevar, a cualquier edad, a mejorar la capacidad de comunicación y creatividad, habilidades que pueden ser muy útiles para aprender otro idioma, para mejorar el modo en que hablamos, incluso para afinar el canto y para mejorar la capacidad de interpretar instrumentos musicales. Se pueden manejar con mucha eficacia problemas de aprendizaje, dislexia, falta de atención, algunos problemas motores y hasta casos de depresión y ansiedad. También se conoce la respuesta positiva en algunos casos de autismo. Así, por el sonido, se puede lograr un equilibrio del sistema nervioso, retirando un sinnúmero de alteraciones que lo afectan.

LA CROMOTERAPIA

La cromoterapia es el empleo del color para armonizar la salud. Los colores corresponden a longitudes de ondas del espectro visible de la luz y cada uno tiene velocidades y ritmos diferentes, influyendo a nivel mental, energético y físico en los seres humanos. Civilizaciones antiguas, como la egipcia, la iraní, la india y la china, entre otras, conocían las bondades de los diferentes colores para la salud y la vida. Por ejemplo, en el templo de Heliópolis, en Egipto, la luz solar se descomponía en su interior y llegaba a las habitaciones en los siete colores del espectro (rojo, naranja, amarillo, verde, azul, índigo y violeta). Existen varias formas de llevar el color al ser humano: mediante una lámpara cromática con filtros de colores intercambiables, generalmente de acetato o acrílico; o por medio de agua expuesta al sol mediante botellas de colores específicos, para luego beber el agua. Este es el método que empleo generalmente, porque mantiene el efecto del color en el cuerpo por largos periodos. También se usa el baño de luz, que se logra exponiendo todo el cuerpo en un cuarto oscuro a la luz de una lámpara con el color o los colores determinados por algunos minutos. Otro medio es la visualización, o sea, la imaginación de los colores. Así, se logran resultados favorables en personas que se pueden concentrar adecuadamente. Otro método es la alimentación, por medio de la llamada dieta delta, según la cual cada tipo de alimento actúa en el cuerpo sobre una longitud de onda característica de los colores, así que al ingerirlos, se está haciendo una forma de cromoterapia. El rojo lo dan la proteína de origen animal, el azúcar y el alcohol; el verde, los vegetales verdes; el blanco, los cereales y harinas; el azul, las frutas; el naranja, los vegetales no verdes; el amarillo, las leguminosas; el violeta, los frutos secos, el yogur, la miel, el café y el chocolate.

Recientemente, conocí el sistema Alpha LED, que provee calor a través de rayos infrarrojos, y de un sistema de duchas de aire con temperaturas de hasta setenta y seis grados centígrados combinada con los efectos de la cromoterapia, que utiliza más de tres mil luces LED de diferentes colores, que se emplean de acuerdo con cada tratamiento.

Por cualquiera de estos medios, el naranja intenso es el color adecuado para favorecer los sistemas de desintoxicación de la energía y del cuerpo.

LAS ESENCIAS FLORALES

Son preparaciones vibracionales que conservan la cualidad energética de una flor determinada. Su descubridor fue el médico galés Edward Bach, quien encontró que el agua en contacto con los capullos de las flores guardaba las cualidades de las flores que, a su vez, podían ser transferidas a los seres humanos.

Las esencias florales son medios profundos de transformación de los seres humanos, porque permiten incorporar cualidades armónicas a nuestro ser, que se convierten en facilitadoras de nuestro crecimiento personal integral. Su efecto suave, profundo y progresivo, incorpora las cualidades que poseen las flores al ser que las recibe, quien de manera gradual las va integrando como propias. Su acción se realiza en el campo de energía, al nivel de la red etérica, que por su efecto armonizador permite la expresión adecuada de las emociones, que es donde evidenciamos sus maravillosos efectos.

Tienen una gran eficacia en la liberación de las emociones tóxicas, de la toxicidad de radiaciones y de manera indirecta de la toxicidad en el cuerpo físico.

Citaré algunos ejemplos de su acción a nivel emocional y mental: el acebo actúa sobre el odio, la envidia, la rabia y la desconfianza. La achicoria sobre el apego, el mímulo sobre el temor; el pino sobre la culpa; la impaciencia sobre la irritabilidad; la aulaga sobre la desesperanza; la estrella de Belén sobre los traumas; la genciana sobre la tristeza, entre muchas otras más, que liberan al cuerpo de los graves efectos que tienen estas alteraciones en la esfera mental, emocional y en la vida y la salud humanas. Además, el manzano silvestre ayuda a liberar las toxinas del cuerpo y la consuelda menor mantiene la vitalidad durante el ayuno, así que ambas son ideales en terapias de desintoxicación. La esencia desarrollada por el alemán Andreas Korte, llamada *Tschernobyl*, mengua los efectos de las radiaciones ionizantes, así como la milenrama los de las no ionizantes. El botánico australiano Ian White desarrolló la formula *purification essence* como desintoxicante biológico y *electro essence* para hacer frente a las radiaciones de todo tipo[2].

La sanación energética

La sanación o curación energética es el empleo mediante la razón de la energía que se realiza con amor y ciencia. Es una estrategia que busca organizar la energía del paciente, empleando el propio campo de energía del sanador, dirigido desde la mente y generalmente empleando las manos, o con la ayuda de objetos adecuados.

Existen innumerables estrategias terapéuticas de este tipo, como el sistema unsui de sanación natural o reiki, la sanación pránica, el yuki, mahikari, sanación tibetana, touching, entre otros más.

Cada una tiene diferentes métodos, caminos y procesos para buscar optimizar la propia energía del paciente y hacer que la fuerza curadora del organismo sea la que restablezca la salud y el bienestar. Los resultados dependen de la técnica y sobre todo de las cualidades integrales del sanador. Por medio de estas terapias, es posible favorecer todas las respuestas naturales de desintoxicación del organismo, además de retirar de manera directa la toxicidad originada por las radiaciones no ionizantes.

---

2 Para más información sobre este tema, ver: Rojas, Santiago. *Esencias de flores para cada momento*. Bogotá: Editorial Planeta, 2012.

En mi práctica profesional, empleo los poliedros regulares (sólidos platónicos), que permiten mayor eficacia en el resultado con menor afectación para el paciente y para mí[3]. Además de protocolos específicos, la acción de tejer la red y el barrido general son estrategias que empleo a diario para la desintoxicación de los pacientes que reciben quimioterapia como tratamiento del cáncer y disminuir los efectos secundarios de la medicación sin alterar el beneficio esperado.

EL ENTRENAMIENTO DE LA ACTIVIDAD CEREBRAL

Existe una terapia conocida como *neurofeedback,* un tratamiento científico que le permite al paciente desarrollar actividades que le ayudan a modificar y entrenar la función eléctrica del cerebro.

Es una técnica que utiliza el electroencefalógrafo y la tecnología multimedia asistida por un computador para entrenar a las personas en el control de su propio sistema nervioso central. Esta terapia tiene múltiples aplicaciones médicas, tales como la ansiedad, el insomnio, el déficit de atención, la hiperactividad, la depresión, las fobias, los trastornos de aprendizaje, los trastornos de la alimentación, como son la anorexia y la bulimia, y algunos tipos de epilepsia y lesiones cerebrales residuales (luego de traumatismos, cirugías o hemorragias, entre otras). Su inicio se remonta a los años cuarenta en la Universidad de Chicago, cuando se encontró que se podía modificar la activad eléctrica del cerebro. Lo actual del método es que gracias a la tecnología, se puede monitorear la actividad cerebral de forma continua y evidente, y gracias a unas indicaciones específicas dictadas por un terapeuta, se puede hacer la retroalimentación, que permite moldear el cerebro por su gran plasticidad, llevándolo al estado de equilibrio buscado.

Las características generales más destacadas son que no tiene efectos secundarios, no produce ningún tipo de dolor, logra generar

---

3   Para más información sobre este tema, ver: Rojas, Santiago. *La armonía de las formas*. Bogotá: Editorial Norma, 2007.

cambios permanentes, cada sesión es de corta duración, no es invasivo, no produce dependencia y se basa en premisas y en el método científico para su aplicación. Así, por medio de una terapia multimedia, el paciente se deshace de la gran mayoría de la toxicidad mental y emocional, producto de las afecciones descritas en el párrafo anterior.

BIORRESONANCIA Y BIORRETROALIMENTACIÓN

Bajo la visión cuántica, donde se encuentra el mundo de las partículas más pequeñas que conforman la materia, se valida que existe un río de energía que conecta cada órgano, cada pensamiento, cada emoción, que refleja la inteligencia existente entre el cuerpo y la mente. Diversas investigaciones han descrito señales electromagnéticas de comunicación fundamental directa, rápida y muy eficiente en todo el cuerpo. Esta complejidad de comunicación es necesaria para coordinar 7000 reacciones químicas por segundo en cada célula. Caminos previamente explorados, tales como los sistemas neurológico y hormonal, son incapaces de dirigir este alto nivel de interacción.

El investigador norteamericano Chris Keser desarrolló el sistema LIFE, buscando crear e integrar un ambiente de bienestar, equilibrio y armonía en el ser, trabajando sobre el área física, mental, emocional y espiritual. Por medio del sistema de biorretroalimentación, se logra diagnosticar y equilibrar cada parte del ser humano. Tiene programas específicos de desintoxicación muy eficaces para más de mil sustancias.

Uno de los participantes del sistema LIFE, Gabor Lednyiczky, desarrolló el Lenyo LUX, un emisor de campo magnético de muy baja intensidad, que estimula la actividad funcional de los tejidos requeridos. Su efecto es no invasivo y no térmico. También, creó el MCC, que trabaja con la información endógena del organismo tratado, proporcionando así el tratamiento más personalizado posible. El dispositivo captura las señales del organismo de control de bioinformática con electrodos magnéticos de múltiples capas especiales y filtra el contenido de información de la ventana biológica que necesita la corrección, regula su intensidad y sincroniza sus ondas. Por la salida, proporciona las señales ya moduladas de tratamiento necesarias para el estado actual del organismo. Ambos equipos tienen la capacidad de desintoxicar de gran cantidad de tóxicos el cuerpo a nivel físico y energético de manera general.

También está el Hado Scan, que comparte las teorías sobre el agua, del investigador Masaru Emoto, brindando la posibilidad de desintoxicar el organismo mediante vibraciones sutiles.

El yoga

El yoga es un camino de desarrollo personal antiguo, pero muy vigente, que tiene como objetivo la integración del cuerpo, la mente y el espíritu, alcanzando, manteniendo y expandiendo un estado muy elevado de conciencia. Yoga es unir (viene del sánscrito *yug,* que significa unión), ya que busca la unión de todo el ser individual con la totalidad al nivel de su conciencia presente. Sus orígenes se remontan a la India, con una tradición de 2000 años, pero ha sido practicado por millones de personas en casi todos los países del mundo.

Al practicar el yoga, se logra una vida más larga y más sana, pues permite que la energía del cuerpo, conocida como *prana,* circule de una forma libre y sin impedimentos, evitando que se estanque, disminuya o se desborde; estas alteraciones constituyen el origen de la gran mayoría de los trastornos mentales y físicos que alteran nuestra salud y deterioran la calidad de vida.

En el trabajo permanente del yoga, se logra que el mundo espiritual se exprese en la vida cotidiana, permitiendo que el espíritu domine a la materia, consiguiendo una vida más útil para nosotros y para el mundo que nos rodea. A nivel físico, se aprende el control de la respiración y se regulan y gobiernan todos los ciclos biológicos para llevarlos a un equilibrio armónico. Se obtiene una gran flexibilidad física, además de la fortaleza de los huesos, previniendo así la osteoporosis. A otros niveles, mejora la digestión, así como la concentración; activa el sistema inmune y armoniza el cardiovascular. Por todo esto, puede decirse que la práctica consciente y mantenida del yoga es beneficiosa para todos, sin importar la edad, siempre y cuando se haga con una guía apropiada.

Lo más evidente en un *yogui* es su actitud serena ante la vida, su confianza en que todo tiene un sentido, y el ejemplo viviente de alguien que ha encontrado la paz interior y que ha optado de forma consciente vivir solo por servir a los demás, dando lo mejor de sí en cada momento. Esto se convierte en un auténtico antídoto frente a los tóxicos mentales y emocionales.

MEDITACIÓN

La meditación es una práctica de la mente consciente que, partiendo de la observación, llega a la concentración profunda hasta alcanzar un estado de vacío de pensamientos. En otras palabras, es el camino que permite acceder al sentir desde la razón. Existen innumerables escuelas de pensamiento que definen tipos diferentes de meditación, muchos de los cuales se han practicado desde la Antigüedad, cuyos efectos han sido comprobados incluso por el método científico. Se sabe que la meditación conlleva beneficios notables sobre la mente y el cerebro, afectando de forma positiva el carácter y el sistema inmune. Entre las que más se han analizado están la meditación trascendental, la vedanta y la budista. De esta última, por ejemplo, Richard Davidson y Daniel Goleman, investigadores norteamericanos, han logrado evidenciar que la práctica sistemática de la meditación budista logra afectar positivamente el cerebro en su lóbulo frontal izquierdo, donde se sabe que residen las emociones positivas, minimizando a su vez la actividad de zonas cerebrales que potencian los sentimientos contrarios. Así, se logra desintoxicar la mente y la emoción de una manera profunda y verdadera, y evitar contaminarse de las emociones y pensamientos tóxicos. Como medida práctica, la meditación se convierte en el mejor agente para evitar que el hombre se intoxique de todos los efectos que generan el estrés y la tensión en cuerpo, mente y energía, por el manejo inadecuado del tiempo. Aunque no se pueda escapar del efecto biológico que genera el paso del tiempo, al meditar, se logra relacionarse con el tiempo de manera diferente y se puede manejar de una manera más adecuada, libre de la tensión y el estrés que caracterizan al hombre moderno.

Capítulo 13
Terapéutica integrada

No sabré hacerlo; no ha producido jamás buen resultado. Probaré a hacerlo; ha obrado casi siempre maravillas.
Lo haré; ha conseguido milagros.

ANÓNIMO

A lo largo de toda la obra, tenemos una gran variedad de estrategias para desintoxicar al ser humano, cada una con beneficios reales al momento de ser utilizadas. Sin embargo, pueden llegar a ser tantas que no es fácil para el lector identificar las más adecuadas en cada caso en particular. Entonces, con el ánimo de hacer más práctico el proceso, explicaré de manera breve cómo enfoco el trabajo en mi consulta, mediante la construcción de una estrategia básica que se puede aplicar a todos los casos.

ESTRATEGIA BÁSICA

Esta estrategia consta de cinco pasos que son aplicables a la desintoxicación relacionada con la toxicidad existente en cualquiera de los tres niveles (energía, mente-emoción y cuerpo). Disminuye el impacto de la agresión, permite al organismo actuar por sí mismo, lo fortalece, ayudándolo en la eliminación del agente tóxico, produciendo finalmente una estrategia a futuro que mejore la propia calidad de vida. Cada paso es interdependiente del otro y, a veces, se hacen de manera conjunta, por lo que es esencial, desde mi punto de vista, llevarlos todos a cabo.

Antes de describirlos, quiero resaltar que existe una acción que, idealmente, debe estar presente en cada paso: la contención. Esta acción disminuye la agresión y favorece la desintoxicación como ninguna otra.

Los cinco pasos son:
1. Minimizar el daño causado por el agente tóxico.
2. Favorecer la capacidad de liberación del ser.
3. Fortalecer al ser.
4. Reestructurar la información del ser. Eliminación directa.
5. Cambiar en el estilo de vida.

Minimizar el daño

Ante cualquier agresión tóxica, sin importar el tipo, lo primero que debe hacerse es disminuir el daño que se está generando por la exposición. Esto es esencial, pues entre mayor sea la agresión, más daño habrá y más complejo será el proceso de reparación; a veces, siendo imposible la recuperación total. Esto se hace, primero, tomando conciencia de que se está expuesto al tóxico para tomar distancia de él. Ese es el primer problema en la gran mayoría de los casos: que no notamos el daño que nos hace el alcohol, la droga, el alimento, determinada relación interpersonal o la radiación. Por eso, la primera parte del libro busca hacernos caer en cuenta del sinnúmero de tóxicos a los que nos exponemos a diario. Por supuesto, el riesgo en el sentido contrario es sentirse permanentemente contaminado, viendo a todo y a todos como agresores. Ninguna de las dos posturas extremas es adecuada. Lo ideal es hacer una revisión de los tóxicos a los que estamos expuestos y, a sabiendas de lo que esto genera en nuestro ser, tomar la distancia necesaria. Es claro que si estamos expuestos al monóxido de carbono (CO), producto de la combustión del gas de los hogares o del automóvil, es indispensable saberlo y con solo tomar distancia habremos conseguido el más grande logro. Lo mismo con plaguicidas, radiaciones de todo tipo, relaciones personales inadecuadas, entre muchos más, que con el solo hecho de tomar distancia, producto de la toma de conciencia, se minimiza la agresión y todo lo que ella conlleva. A veces, es necesario dirigirse a un lugar seguro para disminuir de inmediato la agresión. En el caso de la inhalación de CO, se debe buscar un lugar con aire puro, donde abunde el oxígeno, para contrarrestar el daño. Por ejemplo, si un niño es mordido por un perro, se debe minimizar el daño a futuro en la mente, producto de la agresión, sin descuidar lo físico, por medio de la contención en los brazos de un ser querido que le permita sentirse en un lugar seguro, donde su propio ser pueda volver a la armonía perdida. Ese lugar también puede ser interior, como el que se logra construir con la oración o la meditación. Entonces, la actitud consciente frente a la agresión lleva a alejarse del tóxico y llegar a ese lugar interno o externo que permita llevar a cabo el segundo paso.

Favorecer la capacidad de liberación del ser

Hipócrates, el padre de la medicina, nos enseñó que cada organismo tiene una fuerza curativa de la naturaleza (*vis medicatrix naturae*), que le permite estar en armonía y salud a pesar de todas las afectaciones permanentes que tiene de su entorno. Además, esta fuerza repara el organismo luego de cualquier tipo de lesión. Todas las terapéuticas de origen natural o energético buscan favorecer su propia acción, pues tienen la capacidad de corregir por sí solas la gran mayoría de los problemas. Entonces, ante una agresión y luego de tomar distancia del tóxico, es ideal favorecer la acción propia del organismo, dentro de un marco de contención. Por ejemplo, ante una intoxicación aguda por alimentos, el vómito y la diarrea son deseables como medio natural de liberación del tóxico, por lo que inhibirlos, muchas veces, solo profundiza el problema. Sin embargo, dejarlos sin control, en este caso, lleva a la deshidratación, por solo nombrar un problema; aquí es donde la contención es necesaria para evitar problemas mayores. Lo mismo ocurre con la fiebre, siendo una respuesta deseable y natural del organismo, cuando es alta, puede generar complicaciones. En el caso de una liberación emocional como el llanto, la contención regula la expresión de este necesario mecanismo de expresión de las emociones, sobre todo del dolor emocional y la tristeza. Cabe decir aquí que cuando una terapia lleva a un paciente a revivir un dolor por un suceso traumático previo, la contención del terapeuta se hace indispensable hasta la liberación del dolor. Desaconsejo y contraindico cualquier terapia de liberación personal de dolor que no tenga una contención externa para evitar que se agrave el trauma. La contención adecuada ante un trauma agudo puede evitar su fijación y disminuye su agresividad ante la recaída.

Entonces, favorecer la liberación propia del organismo, habiendo tomado distancia del tóxico, significa permitir que los propios sistemas de desintoxicación funcionen adecuadamente. Generalmente, el ayuno, que el paciente lo siente como una necesidad, es una excelente opción en este momento de la liberación, pues ese silencio biológico permite la acción adecuada del organismo por sí solo.

Estos dos primeros pasos, bien aplicados, son los más importantes en la terapia de desintoxicación, y pueden ser suficientes para la gran mayoría de los casos.

FORTALECER AL SER

Muchas veces, el ser humano, en cualquiera de los tres niveles descritos, no tiene la suficiente capacidad para resolver por sí solo el proceso de intoxicación, por lo que resulta necesaria una ayuda exterior para enfrentarlo. Esta ayuda en el cuerpo, generalmente, viene de nutrientes esenciales como los antioxidantes; en la mente, se puede ayudar con esencias de flores y el acompañamiento profesional. Si el organismo ya sufrió la intoxicación y alejarse del tóxico y dejar actuar al organismo por sí mismo es insuficiente, estas acciones se vuelven necesarias. En el caso de la diarrea, el uso de líquidos con minerales adecuados resulta indispensable para evitar la deshidratación, pero el uso de probióticos da una fortaleza extra al organismo para solucionar el proceso directamente. Todas las técnicas de relajación, de yoga, o meditación, son excelentes fortalecedores del ser de manera integral ante cualquier proceso de toxicidad, aunque actúan en mayor medida si los problemas pertenecen a la esfera emocional y mental. En resumen, todo lo que la Organización Mundial de la Salud ha denominado como promoción en salud, o sea crea salud, todas las acciones encaminadas a mejorar la calidad de vida, a desarrollar el potencial del ser, a conocerse mejor a sí mismo, con estrategias como la dieta saludable, el ejercicio, el control mental, las técnicas de autorrecuperación, entre otras, hacen parte de este paso esencial. Las curas que se presentan en el capítulo siguiente son parte de este paso y suelen evitar el posible daño del tóxico.

Reestructuración de la información en el ser: eliminación directa

Si el tóxico logró depositarse en el organismo y no fueron suficientes los tres pasos previos, este paso constituye la acción específica de desintoxicación. Si se ha logrado saber cuál es el agente tóxico y los efectos que ha producido en el cuerpo, ahora la atención va dirigida a la terapia específica para retirarlo del cuerpo y contrarrestar o acabar con sus efectos perjudiciales. Este conocimiento de lo que se va a utilizar, por ejemplo, una quelación con clorella por toxicidad de metales pesados, se ha de complementar con una vía adecuada para cumplir su función; en este caso, si la vía oral está libre de otros tóxicos en el momento, o de lesiones, o que el paciente no vomite, para poder usarla como vía de ingreso al organismo del tratamiento específico. Se adicionan además los tratamientos complementarios que favorezcan la eliminación por diversas vías mediante los propios sistemas de desintoxicación, como pueden ser vitaminas extras, sauna si se va a eliminar por la piel, colonterapia por el tubo digestivo, ionización por vía respiratoria, etcétera. Esto lleva a que, con certeza, conozcamos el grado de toxicidad gracias al beneficio que genera la terapia, pues si hay resultado pronto y de manera eficaz, demostrará que no es tan grave la toxicidad. Es bueno aclarar que, muchas veces, la desintoxicación puede producir síntomas o efectos secundarios mientras los tóxicos van a la sangre, si son físicos, o a la esfera consciente de la persona si son emocionales y mentales, o al campo energético superficial; se vive en realidad una agravación que debe ser tenida en cuenta, para incluso considerar suspender la terapia y acompañar al cuerpo con medidas generales hasta que se estabilice.

Los mecanismos descritos buscan establecer la mejor vía y la más específica para hacer frente al tóxico, y que el resultado sea el mejor.

Si el tóxico fuera emocional o mental, el trabajo de ayuda terapéutica puede darse por ejemplo con esencias de flores o neurofeedback que trabajarán de manera específica, contrarrestando la emoción alterada, en el caso de las flores, o la alteración eléctrica del cerebro, en caso que la hubiera, mediante el neurofeedback. En cada caso, conocer qué es lo que afecta, favorece la eliminación directa del tóxico y que el ser pueda reestructurar la información múltiple (biológica, psíquica y energética) que maneja su propio organismo, volviendo a la normalidad.

En caso de no ser posible conocer directamente el tóxico, es necesario recurrir a las medidas generales de ayuno, limpiezas intestinales, antioxidantes, curas y demás. Si se elimina el tóxico con medidas generales o específicas, podemos pasar al quinto paso.

Cambio en el estilo de vida

Muchas de las personas que han seguido los pasos anteriores, sin proponérselo, han cambiado su estilo de vida. Este es el caso clásico de los que padecen una adicción, que primero tomaron conciencia de lo que hacían y favorecieron su propio proceso, se fortalecieron y luego reestructuraron la manera como se relacionaban con la sustancia o condición adictiva. Libres de la acción tóxica del agente, quieren cambiar su estilo de vida de manera consciente y auténtica, lo que lleva a procesos que generan menor esfuerzo. Así, se escoge una dieta saludable por convicción y no coacción; se acerca a un plan de crecimiento personal porque valoran la vida y a sí mismos en su justa medida y proporción. Y, por último, se deciden a ayudar a otros a salir del problema con la certeza de que es posible hacerlo.

El quinto paso de la desintoxicación debe realizarse para estar seguros de que no se recaerá en el comportamiento que generó la intoxicación.

Para terminar este capítulo, daré unos ejemplos de acciones que pueden ser útiles en cada proceso de toxicidad; sin embargo, son solo propuestas porque hay muchos caminos diferentes que pueden ser igualmente útiles.

Desintoxicación general

1. Tomar conciencia de lo que se come, drogas y fármacos que se consumen, lugares y personas desfavorables que se frecuentan, y empezar a tomar distancia.
2. Realizar ayunos parciales de tres a cinco días, curas como la de la uva, la desintoxicante, así como la de frutas son ideales; buscar el silencio; caminar descalzo en la playa o en el campo; aprender a relajarse.
3 y 4. Plantas como el cardo mariano para limpiar el hígado, mediante cápsulas del producto macerado; probióticos para mejorar el colon; megadosis de vitamina C como antioxidante. Realizar limpiezas intestinales e hidroionización por los pies.

5. Adoptar una dieta alcalinizante, del Mediterráneo, del grupo sanguíneo, o de la zona.

DESINTOXICACIÓN DE ALCOHOL

1. Abstenerse del consumo y buscar espacios y amigos que no consuman.
2. Realizar ejercicio físico, hidratarse y realizar curas desintoxicantes, como la de la manzana para iniciar y luego la de la limpieza hepática.
3. Tomar suplementos de NAC, ácido lipoico, complejo B.
4. Buscar psicoterapia o un grupo de apoyo; meditar, tomar esencias de flores preparadas sin alcohol.
5. Adoptar una dieta saludable, hacer servicio social y reparar el daño generado a otros.

DESINTOXICACIÓN DE PLAGUICIDAS

1. Limpiar la vía de acceso del tóxico (sea la piel o el tubo digestivo).
2. Masaje corporal que favorezca la eliminación por la piel.
3. Hidroionización, ionización respiratoria y consumo de NAC.
4. Quelación.
5. Poner en práctica el lavado especial de alimentos (Anexo) y adoptar una dieta alcalinizante, como puede ser cualquiera que tenga alto contenido de vegetales, frutas y antioxidantes, como la del Mediterráneo, la vegana o la Kousmine, entre otras.

DESINTOXICACIÓN DE METALES PESADOS

1. Abstenerse de consumir pescado, productos y drogas que los contengan.
2. Respirar aire puro, realizar ayunos cortos y medianos.
3. Consumir NAC, y realizar hidroionización por los pies.

4. Realizar quelación con clorella y tomar megadosis de vitamina C. Se pueden tomar metales pesados homeopatizados en potencias muy bajas, con supervisión terapéutica.
5. Buscar la naturaleza cargada de iones negativos. Meditar o hacer yoga para favorecer la sensibilidad que nos permite sentir en nuestro cuerpo y así alejarse del peligro tóxico. Ver, en el Anexo, los reemplazos a los productos químicos que se usan cotidianamente.

Ruido

1. Tomar distancia, usar tapones, bajar el volumen a los aparatos electrónicos que lo rodean.
2. Buscar silencio. Colocar algodones humedecidos en agua fría en los conductos auditivos (colocarlos previamente en el congelador por algunos minutos) refresca la zona y retira molestias por sobreexposición.
3. Tomar vitaminas A, C, E y magnesio.
4. Realizar la terapia Tomatis.
5. Bajar el volumen de todo lo que se usa y buscar el silencio.

Desintoxicación de químicos en general

1. Identificar la fuente del tóxico y tomar distancia de ella.
2. Realizar cualquiera de las curas o ayunos parciales de corta o media duración.
3. Tomar NAC, vitamina C, realizar limpieza intestinal y beber agua abundante.
4. Realizar quelación oral.
5. Ver el Anexo y encontrar reemplazos a los productos químicos que se usan cotidianamente.

Desintoxicación de radiaciones nocivas

1. Identificar la fuente de la radiación y tomar distancia de ella.

2. Realizar ayunos y actividades al aire libre; tomar baños de sauna y caminar descalzo.
3. Tomar sopa de miso y antioxidantes.
4. Realizar ionización, tomar esencias de flores como *Tschernobyl* o *Electro Essence*.
5. Usar racionalmente la tecnología en la vida cotidiana.

DESINTOXICACIÓN DE ALIMENTOS AGUDA

1. Descanso intestinal, o ayuno parcial hasta que pueda comer.
2 y 3. Hidratación oral o, en caso severo, tomar probióticos.
4. Cura desintoxicante o ayuno de uno o dos días.
5. Tomar conciencia de lo que se busca en la vida y encontrar la alimentación adecuada para conseguir ese propósito.

DESINTOXICACIÓN DE AGRESIVIDAD

1. Aprender a calmarse antes de reaccionar de manera instintiva y, por ende, violenta, ante cualquier circunstancia externa. Luego, tomar conciencia de los estados emocionales de los demás y diferenciarlos de los propios.
2. Expresar en forma verbal y de la manera más clara posible los sentimientos que se viven. Expresar lo que se siente no es agredir con las palabras; solo es decir el sentimiento de ofensa que se vivencia.
3. Meditación que active los lóbulos frontales, asiento de las emociones superiores que alejan de la agresividad. Rescatar el amor propio y propiciar el amor hacia los demás.
4. Entender los efectos de nuestra conducta en los demás. Tomar esencias de flores de acebo-vid-pino, entre otras.
5. Buscar el silencio y mantener una actividad de servicio.

Capítulo 14

Curas y limpiezas del organismo

Si alguien busca la salud, pregúntale si está dispuesto
a evitar en el futuro las causas de la enfermedad;
en caso contrario, abstente de ayudarle.

SÓCRATES

Este capítulo ofrece curas y limpiezas que cualquier persona puede hacer en casa. Son de fácil aplicación y se indican para corta duración, con beneficios inmediatos, y se recomiendan para empezar antes de iniciar una dieta saludable, o como estrategia corta y eficaz de desintoxicación.

Estas curas son indicadas para personas que quieran retirar tóxicos de su cuerpo, estando en un buen estado de salud o, por lo menos, aceptable. Si se encuentra enferma, no recomiendo una cura sin seguimiento y atención capacitada todo el tiempo. Si está lactando, no es recomendable amamantar durante el periodo de la limpieza, porque el drenaje tóxico puede ir a la leche, incluso cambiándole el sabor, y con efectos desconocidos para el bebé.

De todas maneras, si realiza una de estas curas y siente mucho malestar, intolerancia digestiva severa, o se afecta su salud, la mejor recomendación es la suspensión de la limpieza iniciada. Como no son dietas totalmente balanceadas, *no* se deben hacer por largos periodos.

Además de la página web *www.enbuenasmanos.com,* de donde he tomado también una buena parte de la información aquí planteada, los libros de Cherie y Maureen Keane, *Juicing for Life,* y de Andreas Moritz, *Limpieza hepática y de la vesícula,* así como las revistas *CuerpoMente* e *Integral,* complementan lo que he ido aprendiendo y trabajando por experiencia.

Estoy seguro de que gracias a las recomendaciones en cada cura, llevarás menos tóxicos a tu vida, y retirarás fácilmente muchos de los que ya has adquirido. Espero que esto te haga reflexionar, entonces, para hacer un cambio en tu estilo de vida.

CURA LIMPIADORA DE CELULITIS

La celulitis es la manifestación de la forma en que se estructura la grasa debajo de la piel. Cuando las células grasas aumentan su tamaño, tiran los anclajes que tienen y se forma la denominada celulitis o piel de naranja, particularmente en la zona de los muslos. A veces, hay una celulitis más dura que se conoce como lipedema. No solo es una acumulación de grasa, sino también de agua y toxinas. Además, hay un componente hormonal; por eso, con la menstruación, la celulitis aumenta más por las retenciones de líquidos premenstruales. De ahí que afecte también a las mujeres delgadas.

La dieta "anticelulítica" debe ser, por tanto, calóricamente baja y diurética para ser más efectiva, ya que debe ayudar a eliminar los excesos de grasas en la alimentación, pero también los de líquido retenido y, con ello, también las toxinas.

Ejemplo de un menú para la dieta anticelulítica

Al desayuno, una taza de té rojo o negro sin azúcar, dos galletas de avena integral y una porción de yogur dietético. A la media mañana, un zumo de naranja o mandarina; puede comer algo de perejil picado. Al almuerzo, una gran ensalada de verduras crudas que contenga alcachofa, remolacha, zanahoria y habichuela. Sopa de lenteja o garbanzo sin sal y un soufflé de calabaza. Puede comer además de postre, una fruta como pera o manzana. A la media tarde, una ensalada de frutas sin dulce ni crema y un par de galletas integrales. En la noche, una gran ensalada con pechuga de pavo o pollo a la parilla o soya, si lo prefiere.

No debe hacerse durante más de una semana y no se debe repetir antes de dos meses.

Es ideal acompañarla de ejercicio físico moderado y masajes en la zona de los muslos donde se acumula la celulitis. Es importante destacar que la dieta es altamente diurética, motivo por el que puede bajar la presión arterial. Puede tomar mucha agua, con un poco de zumo de limón, si lo desea, así como infusiones de hierbas diversas y abstenerse por completo de la sal.

Cura de alcachofas

La dieta de alcachofas es ideal para bajar de peso, sin pasar hambre, a la vez que se eliminan toxinas, depurando el organismo fácilmente. Se puede realizar un día a la semana como una rutina para sentirse mejor, o de tres a cinco días con gran efecto limpiador. Limpia el hígado, la vesícula biliar y el riñón, al tiempo que facilita la digestión. Las infusiones y zumos (jugos) potenciarán su efecto diurético y depurativo.

Ejemplo de un menú de la dieta de alcachofas

Para el desayuno, se toma infusión depurativa (hojas de alcachofas, menta piperita y diente de león) con una cucharadita de zumo de limón. Una ensalada de frutas sin mezclar ácidas y dulces a la vez. Otro día en lugar de la fruta, una tostada de pan integral con crema o puré de alcachofas. A la media mañana, uno a dos vasos de zumo de manzana con zanahoria.

Al almuerzo, se toma sopa de verduras y un plato de arroz integral con alcachofas rehogadas y germinados (brotes) de soya o alfalfa. Otros días, en lugar de arroz integral, variar por quínoa, pasta integral, mijo o cuscús, con una infusión depurativa, por ejemplo, con boldo. A la tarde, otra infusión depurativa y un yogur sin dulce.

Para la comida, consumir alcachofas a la plancha (con un chorrito de aceite de oliva, sal y pimienta), con una ración de proteína (tofu, huevo o un poco de queso fresco) De postre, una manzana al horno con canela y otra taza de infusión depurativa (hojas de alcachofas, menta piperita y diente de león). Se recomienda tomar abundante agua antes de cada comida.

CURA DESINTOXICANTE

Esta cura para desintoxicarse en veinticuatro horas es muy beneficiosa cuando el cuerpo necesita urgentemente una depuración. Lo ideal sería no hacer ningún esfuerzo físico ese día.

Se necesita beber mucha agua y comer frutas ricas en fibra, con el objeto de desintoxicar el aparato digestivo, y de alto contenido de vitamina C (naranjas, limones, toronjas o mandarinas). Las hojas de menta tienen propiedades tónicas y digestivas. Las zanahorias ayudarán al propósito por su rico contenido en fibra y celulosa. No debe durar más de veinticuatro horas por la carencia de nutrientes tipo proteínicos.

Al levantarse de la cama, tomar un par de vasos de agua, cada uno con el zumo de medio limón. Luego, al desayuno, tomar zumo de toronja mezclado con hojas de menta y un poco de miel, con té o café sin endulzar, y ensalada de frutas preparada con dos o tres mandarinas y un kiwi. Al almuerzo, un puré de tres zanahorias cocidas y medio pepino cocido al vapor. Además, una ensalada de naranjas y toronjas con hojas de menta troceadas y zumo de limón. Para beber, licuar medio pepino y añadirlo a un vaso de agua con limón. Para la comida, tomar una sopa de sémola con zanahorias cocidas y un salpicón de frutas compuesto por un mango, un kiwi, tres mandarinas y hojas troceadas de menta fresca. Utilizar la misma bebida del almuerzo.

Tomar cada hora, aproximadamente, un vaso de agua con limón, alternado con zumos de naranja y toronja. Los zumos de frutas y verduras deben tomarse en el momento de hacerlos, para que no se oxiden sus vitaminas. Masticar de vez en cuando hojas de menta. Antes de dormir, tomar una infusión hecha con pétalos de azahar.

CURA CON MANZANAS

Dura cuatro días durante los cuales se consumen cantidades abundantes de manzanas. Se debe trabajar poco, aumentar el descanso, dormir mucho y solo caminar de paseo como único ejercicio.

La manzana es una de las frutas más recomendables, ya que es rica en fibra, en sales minerales, y favorece la regulación del colesterol y la glucosa. También limpia la piel, el hígado, la vesícula biliar y ayuda al estómago y al riñón.

Es recomendable comer la manzana con piel. Para que la depuración sea más eficaz, hay que beber mucha agua e infusiones depurativas. El primer día, al desayuno, tomar infusión depurativa y la cantidad de manzanas que se quiera. Al medio día, comer dos manzanas. Al almuerzo, un vaso de zumo de manzana, una infusión depurativa y todas las manzanas que se quiera. A la media tarde, manzanas o zumo de manzana; y a la cena, comer manzanas con una infusión digestiva.

El segundo día, se desayuna con una infusión depurativa acompañada de manzanas. Al almuerzo, comer una gran ensalada de las verduras que considere, con un poco de aceite de oliva, con unas gotas de limón o vinagre de manzana. A la tarde y noche, las manzanas que quiera. Si se continúan el tercero y cuarto día, es necesario incluir algo de proteínas, como tofu, o legumbres y un cereal como arroz integral.

No es recomendable sobrepasar los cuatro días haciendo esta cura y, al reiniciar la alimentación anterior, debe hacerse de manera

suave, sin pasar a proteína animal hasta dos días después. Popularmente, se dice que "una manzana al día aleja al médico de tu vida",
porque, en sí, es muy saludable. Si tiene gases o distensión abdominal, puede intercalar el consumo de las manzanas al horno o en
compota. No repetir más de tres veces al día.

Limpieza hepática

Andreas Moritz, en su libro *Limpieza hepática y de la vesícula*,
da unas instrucciones que deben seguirse estrictamente para garantizar el resultado. Esta limpieza se debe hacer cada mes por un mínimo de seis a nueve meses consecutivos, para luego continuar cada
seis meses. Durante la limpieza, que dura siete días, se debe evitar el
consumo de alimentos o bebidas frías y/o congeladas, lácteos, toda
proteína animal y fritos, azúcar y otros edulcorantes, las especias, las
margarinas, los aceites, los frutos secos (nueces, uvas pasas, ciruelas
pasas, etcétera), pasteles, harinas refinadas y procesadas y cereales
crudos. Así como cualquier medicamento o suplemento nutricional
que no sea absolutamente necesario.

Puede comer vegetales, legumbres, cereales cocinados, frutas,
agua e infusiones.

Se necesita un litro de jugo de manzana (en caso de intolerancia
al jugo, tomar una cucharadita de ácido málico disuelta en un litro
de agua filtrada diariamente). No debe hacer el jugo en licuadora,
sino en extractor de jugos o, de lo contrario, se puede comprar jugo
de manzana comercial.

4 cucharadas soperas de sales de Epsom (sulfato de magnesio)
750 ml de agua filtrada
1/2 vaso (125 ml) de aceite de oliva virgen
3/4 de vaso (187,5 ml) de jugo de toronja recién exprimido o
    jugo de naranja con limón
Un frasco o botella de 500 ml o más de capacidad, desocupado
    y con tapa.

Tomar un litro de jugo de manzana diariamente durante un periodo de seis días (se puede tomar más jugo si es bien tolerado). Se debe tomar entre comidas: <u>dos horas</u> después del desayuno se empieza a tomar por sorbos hasta <u>media hora antes</u> del almuerzo y vuelve a iniciar <u>dos horas</u> después del almuerzo hasta <u>media hora</u> antes de la comida. No tomar después de la comida. Tampoco ingerir alimentos junto al jugo; solo agua o infusiones de hierbas sin endulzar.

Es común sentir hinchazón y hasta diarrea, ya que se está liberando bilis estancada, que el jugo de manzana remueve del organismo.

Los días cinco y seis, y dos días después de la limpieza hepática, es esencial realizar limpiezas del colon mediante enemas, o preferiblemente mediante la hidroterapia del colon.

Desayunar muy ligero el sexto día, preferiblemente con frutas o cereales cocinados (colada de avena en agua y sin azúcar). Luego, tomar todo el litro de jugo de manzana durante la mañana, ya que <u>¡no se deben ingerir alimentos después de las 2 p.m.!</u>

Como almuerzo, comer arroz hervido (sin aceite) con un poco de sal marina y verduras hervidas con un poco de sal marina. Luego de esta comida, realizada antes de las 2 p.m., solo consumir agua y nada más.

A las 6 p.m., agregar las cuatro cucharadas de sales de Epsom a los 750 ml (3/4 de litro o una botella) de agua filtrada hasta que se disuelva bien. Tomar una cuarta parte de esta. Se puede beber un par de tragos de agua después para quitar el sabor amargo.

A las 8 p.m., beber la segunda cuarta parte de las sales de Epsom.

A las 9:30 p.m., si aún no ha evacuado, es necesario realizar un enema de agua, lo que desencadenará una serie de evacuaciones.

A las 9:45 p.m., se exprimen con la mano las toronjas o naranjas y limones, previamente lavados. Se retira la pulpa y se vierten alrededor de 200 ml de zumo en el recipiente vacío o botella de 500 ml, con medio vaso de aceite de oliva virgen. Se tapa y mezcla muy bien, agitándolo con la mano. En este momento lo ideal es cepillarse muy bien los dientes.

A las 10 p.m., permanecer de pie al lado de la cama, mientras se toma la mezcla con aceite y luego acostarse boca arriba inmediatamente, con la cabeza y el tórax más altos que el abdomen, con la ayuda de varios cojines, si es necesario. Apagar las luces y concentrar la atención en el hígado. Permanecer en esta posición por lo menos veinte minutos en silencio.

Puede sentirse malestar y hasta ganas de vomitar, aunque lo ideal es no levantarse en ese tiempo. Si se sienten deseos de evacuar después de los veinte minutos, no hay problema. Es ideal aplicarse calor húmedo local sobre el área hepática (debajo de la última costilla derecha).

A la mañana siguiente, entre 6-6:30 a.m., o al despertar, tomar la tercera porción de las sales de Epsom, sin volver a acostarse. Puede meditar, descansar, leer, etcétera.

Entre 8 y 8:30 a.m., se bebe la cuarta porción de sales de Epson.

Entre 10 y 10:30 a.m., beber un vaso de jugo de fruta fresca y, media hora más tarde, comer dos piezas de frutas.

Desde las 11:30 a.m., se puede empezar a ingerir alimentos, pero en pocas cantidades y ligeros. Continuar comiendo comidas ligeras por los siguientes dos días y luego volver a comer la dieta regular.

Es probable que se pueda sentir algo de dolor de cabeza o náuseas luego de la limpieza y malestares o incomodidad durante la limpieza, lo cual es normal.

Si se siguen las instrucciones al pie de la letra, se obtienen resultados muy efectivos para la salud. Se evacuan muchos cálculos biliares o bilis concentrada de diferentes tamaños, como de medio grano de arroz hasta de una pelota de golf, aunque parezca increíble.

Limpieza hepática en diez horas

El psicólogo colombiano de origen libanés Alberto Montt realiza con éxito esta limpieza hepática de corta duración, que aprendió de su abuela, que aunque dura, es eficiente. Sin embargo, es indispensable tener un buen estado de salud para realizarla.

Se debe disponer de un día completo en casa y la preparación comienza desde la noche anterior, antes de acostarse, tomando una infusión de boldo, como aviso al hígado del comienzo de la limpieza.

Durante esta limpieza, no se debe ingerir ningún otro alimento.

A las 6 a.m. se inicia el proceso de diez horas continuas, ingiriendo únicamente una infusión de sen cada hora y el extracto del zumo de tres manzanas verdes en extractor, así: a la hora en punto, se toma el sen y a los treinta minutos el zumo de manzana.

Es recomendable realizarse una colonterapia o limpieza del colon antes, durante y después de la limpieza.

A las diecisiete horas, se toman 125 cc de aceite de oliva extravirgen, idealmente orgánico, mezclado con jugo de naranja, toronja o limón, agitando bien hasta que quede una mezcla homogénea.

Permanecer de pie al lado de la cama mientras se toma la mezcla de jugo con aceite, para luego acostarse boca arriba inmediatamente. Apagar las luces y concentrarse en el hígado. Es aconsejable poner calor húmedo local sobre el área del hígado (última costilla al lado derecho) y permanecer en esta posición por lo menos por veinte minutos en silencio absoluto.

Puede sentir malestar y hasta ganas de vomitar, pero lo ideal es no levantarse en ese tiempo. Si se sienten deseos de evacuar después de los veinte minutos, no hay problema.

A las seis de la mañana siguiente, tomar otra infusión de boldo. Entre 10 y 10:30 a.m., beber un vaso de jugo de fruta fresca y, media hora más tarde, comer dos piezas de fruta. Hacia el medio día, pasar a la dieta normal sin comer ningún producto animal ese día.

Dieta desodorante

La dieta desodorante es ideal, como su nombre lo indica, para aquellas personas que tienen un fuerte olor corporal. Ayuda a corregir la causa de este problema, que suele indicar algún desajuste interno. Transpirar (sudar) es deseable y sano; sin embargo, si es muy oloroso, es mejor saber el origen y corregirlo. Algunos medicamentos, infecciones, hongos de la piel, desajustes hormonales, problemas metabólicos, uso de ciertos productos externos, enfermedades y una mala dieta, son los factores más habituales. Ingesta alta de carne y sus derivados, leche de vaca, quesos curados (fuertes), ajo, cebolla, exceso de especias, alcohol, tabaco, col y café alteran el olor del sudor.

Las verduras verdes, por su parte, además de los germinados (por su clorofila), la fruta (especialmente la manzana, papaya y piña), las semillas de calabaza, la levadura de cerveza (zinc y vitamina B6), los cereales integrales y los frutos secos (magnesio) evitan o mejoran el mal olor del sudor.

Además, plantas como el aloe vera o sábila, salvia, alfalfa, milenrama, y el carbón vegetal son buenos complementos. Las infusiones de melisa, pasiflora, azahar, lavanda y manzanilla, combaten el estrés. Añadir además zinc, magnesio y vitamina B6, es recomendable (la sola levadura de cerveza los contiene todos).

Hay que beber agua en abundancia, por lo menos dos litros, a fin de eliminar las toxinas, además de garantizar una higiene diaria adecuada con ducha, realizando exfoliación de la piel y cambio de ropa, idealmente que sea de algodón, prescindiendo de la sintética.

Al desayuno, se pueden tomar infusiones de salvia, milenrama o menta; un zumo de piña, o un vaso de zumo de limón con agua y una cucharada sopera de levadura de cerveza, además de pan integral con mermelada o paté de soya. Se puede tomar yogur o kéfir con cereales integrales. También, se puede comer cualquier fruta siempre y cuando esté madura.

Almorzar con verduras, la mitad crudas y con germinados. Cereales integrales, legumbres y, de postre, manzana, piña o algún fruto seco. De tarde, unas galletas integrales y de comida nocturna una sopa depurativa con apio, alcachofa, nabo, algas marinas como la kombu, puerro, zanahoria y se le puede adicionar la cáscara de una manzana. Además, vegetales cocidos con algo de proteína vegetal. Terminar con una infusión.

Antes de cada comida, tomar una cucharada sopera de clorofila en agua, o una de postre de vinagre de manzana diluido en agua, o una sopera de zumo de aloe vera diluido en agua.

Después de las comidas, se puede tomar la infusión de salvia (no tomar durante el embarazo), milenrama y menta. Tomar una o dos tazas por día. Con la infusión, se pueden tomar un par de tabletas de carbón vegetal o de papaya.

Esta cura, por ser balanceada nutricionalmente, puede hacerse por largos periodos, hasta de un mes, siempre y cuando sea variada para evitar la rutina que afecta tanto en las dietas. El efecto del cambio de olor es evidente a los pocos días, pero se estabiliza luego de un mes. Esta pauta puede seguirse posteriormente, introduciendo otros alimentos, como la proteína animal de manera gradual y sin exagerar.

Cura alcalinizante

La alcalinidad es una condición natural del organismo con un pH de 7,4 en la sangre. Este equilibrio permite la eliminación de ácidos por diferentes vías, como la piel y los riñones. La idea es comer solo productos alcalinos o con menor acidez para favorecer el equilibrio natural. Dura de doce a cuarenta días, prescindiendo del consumo de lácteos, carnes, embutidos, mejillones y almejas, harinas blancas y productos de panificadora (pan, pastas, pasteles, galletas, pizza, etcétera), papas, pimientos y berenjenas. Tampoco se consumen congelados, ahumados y productos envasados o en conserva, que estén conservados con aditivos, colorantes y conservantes tóxicos o cancerígenos; margarina, aceites vegetales (obtenidos por solventes químicos), mayonesa y salsa de tomate. Así como azúcar y sus derivados, chocolates, helados, edulcorantes (sacarina E-954, manitol E-421), sal (con el antiaglomerante E-536, ferrocianuro sódico o potásico), olivas y anchoas.

En cuanto a los líquidos, se evitan las bebidas dulces con o sin gas, el agua con gas, las bebidas alcohólicas y el café (con o sin cafeína).

Se puede consumir pescado fresco (al horno o a la parrilla), calamares, sepia y langostinos a la plancha. También dos huevos frescos (de granja) por semana, poco hervidos y solo en el día; arroz integral y mijo; legumbres como garbanzo y fríjol y diversas verduras y hortalizas como alcachofa, habichuela verde, espinaca cruda, espárrago, berro, lechuga, remolacha, rúcula, endibia, rábano, zanahoria, nabo, cebolla, ajo, puerro, tomate, soya (tofu y leche), calabacín, apio, aguacate, brócoli, coliflor, repollo y guisantes. También vienen bien los frutos secos, como dátiles y almendras, aunque en poca cantidad y solo en la mañana. Y son muy recomendadas las frutas frescas, como piña, papaya, uva, melocotón, cerezas, manzanas, peras y albaricoques.

Es necesario beber dos litros de agua cada día, entre comidas o antes de ellas. Igualmente, zumos frescos (no pasteurizados) de zanahoria, limón, naranja con limón, toronja y manzana, así como el té verde o rojo en vez de café, evitándolos de noche.

En ayunas, se recomienda tomar una cucharadita de miel pura en un cuarto de vaso de zumo fresco de aloe vera libre de conservantes.

En necesario tener en cuenta que se debe comer cada día cuatro veces más verduras frescas y poco hervidas que proteínas. Comer frutas frescas cada día, al desayuno o entre comidas, no al almuerzo o comida. Tomar un vaso de agua con unas gotas de limón antes de acostarse. Recomiendo mezclar diferentes menús para hacerlo agradable y realizar esta dieta la primera vez por solo doce días, y ver el efecto antes de embarcarse en una más larga.

CURA DE LAS UVAS

La cura de las uvas es una monodieta que consiste en comer solo uvas (de 1,5 a 3 kg en cinco tomas repartidas a lo largo del día) y zumo de uvas, además de agua. Su finalidad es depurar nuestro or-

ganismo de toxinas, dando una alta concentración de potasio y antioxidantes. Es diurética, favorece la circulación venosa, la función
hepática y limpia la piel.

Se puede hacer por uno, tres, e idealmente cinco días. Aunque
por su gran aporte energético y, gracias a su gran efecto reminera-
lizante y antioxidante que combate la fatiga, permite seguir con la
actividad habitual, es mejor que coincida con unos días de descanso.

No está recomendada para los diabéticos por su contenido en
hidratos de rápida absorción. Es importante lavar bien las uvas y
comerlas con piel, ya que allí están la mayoría de sus propiedades.
Se deben masticar muy bien, para favorecer la sensación de saciedad
y su digestibilidad. Beber abundante zumo de uva ayuda a potenciar
el efecto diurético de esta monodieta.

CURA DEL SIROPE DE SAVIA DE ARCE

La dieta del sirope de savia es realmente un ayuno parcial que
favorece la pérdida de peso a la vez que da la oportunidad de depurar el organismo. Es un concentrado de proteínas, carbohidratos
y minerales que propicia la eliminación de toxinas y ayuda al organismo a regenerarse, atacando directamente los depósitos grasos.
Es necesario realizar una predieta y una postdieta de tres días de
duración, donde el sirope de savia se compagina con naranja, pan
y arroz integral, fruta y caldo de verduras, para ir adaptándose a
este. La duración del ayuno es de siete a diez días, donde se pueden
perder alrededor de cinco kilos. Como en todo ayuno, es necesario
un acompañamiento cercano de un terapeuta entrenado. No debe
haber quebrantos de salud y está contraindicada para diabéticos,
hipotensos, niños y embarazadas.

La mezcla consiste en usar quince cucharadas soperas de sirope
de savia de arce y palma sin azúcar, añadido en dos litros de agua
mineral, con el zumo de cuatro a cinco limones, una cucharadita de
canela y una pizca de pimienta de cayena. Durante los días que dura,
hay que ingerir a diario y en exclusiva de ocho a diez vasos del pre-

parado especial de sirope de savia (sirope de arce), aunque se puede tomar agua e infusiones calientes para mejorar la temperatura.

En la predieta, hay que tomar medio litro el primer día, tres cuartos el segundo y un litro el tercero, mientras que la postdieta requiere un litro el primer día, tres cuartos el segundo y medio el tercero. Conviene acompañarla a diario con una caminata de media hora.Durante la dieta, está prohibido ingerir café, té, medicamentos o suplementos vitamínicos. De hecho, los consumidores habituales de alcohol, tabaco y fármacos suelen reaccionar negativamente a la cura. Este ayuno baja el colesterol y mejora la calidad y el aspecto de piel, pelo y uñas. Algunas personas emplean naranjas en vez de limón, con igual resultado.

Cura depurativa de frutas

Esta cura tiene una duración de nueve días y se basa en el consumo de una fruta particular para cada día.

Comer solo la fruta escogida desde que se levante, hasta las doce del día, sin nada más. Puede comer la cantidad que quiera, siempre y cuando sea fresca, y muy bien lavada y pelada, retirando así los restos tóxicos que puedan venir de su manipulación.

Después de las doce del día, no volverla a consumir hasta el otro día y consumir algún tipo de proteína de origen vegetal o animal (preferiblemente no grasa), como almuerzo y comida. Esta debe estar acompañada de una ensalada de verduras y nada más. No importa la cantidad, sin embargo es importante no añadir ningún otro alimento, como arroz, papa o demás, ni café, té, etcétera.

Después de las ocho de la noche, no comer absolutamente nada hasta el otro día, para dejar descansar al organismo y alistarlo en la depuración que se dará en la mañana con las frutas.

El día primero comer melón, que mantiene la temperatura y es laxante, ya que elimina gran cantidad de toxinas.

El segundo día, comer sandía, que refresca, aporta pocas calorías y ayuda al trabajo del riñón y el hígado.

El tercer día, comer papaya, que elimina toxinas del tubo digestivo.

El cuarto día, zumo de limón; en este caso, diluido en agua, para limpiar al cuerpo de las mucosidades, ayudando también al sistema circulatorio. Si lo prefiere, ponga un poquito de miel de abejas.

El día quinto es el día del agua pura en cantidad abundante, al clima, no fría ni caliente. Ese día, el organismo también eliminará impurezas por la piel. Por lo tanto, recomiendo acompañar el proceso mediante un baño con estropajo que limpie los poros de la piel en todo el cuerpo.

El sexto día, se vuelve al zumo de limón.

El séptimo, a la papaya.

El octavo, a la sandía.

El noveno, al melón.

Ya el décimo día, reinicia la dieta que acostumbra, habiendo aprendido a usar adecuadamente la fruta.

CALDO DEPURATIVO

Tomar una o dos tazas de caldo de verduras cada día.

Ingredientes
2-3 tazas de habichuelas verdes troceadas
2-3 tazas de calabacín picado
2-3 tallos de apio picado
1 cucharada de mantequilla sin sal
1-3 cucharada de perejil picado con jengibre, pimienta, hierbas, ajo.

Poner a cocinar al vapor las habichuelas verdes, el calabacín y el apio hasta que estén blandos, pero aún verdes. Licuar las verduras con agua hasta que queden suaves. El caldo debe ser bastante grueso. Agregar mantequilla y perejil picado y sazonar al gusto.

Jugo verde limpiador

Tomar dos vasos de bebida verde cada día.

Hacer una taza de jugo con las verduras de color verde de su elección, entre cuellos de remolacha, espinaca, perejil, calabacín, col, pepino, lechuga de hoja verde, las hojas de diente de león, col rizada y germen de trigo. Añadir a la mezcla de bebida verde un vaso de jugo de zanahoria, manzana, tomate o piña. Esta bebida se ha usado tradicionalmente como una ayuda para la digestión. Tiene alto contenido en clorofila, que ayuda a desintoxicar el cuerpo y limpiar la sangre.

La cura india Seneca de limpieza

Se cree que esta dieta tiene un efecto de limpieza y nutrición diferente en cada uno de los cuatro días. El primer día, se limpia el colon. El segundo día, se liberan las toxinas junto con el exceso de sales y los depósitos de calcio. El tercer día, el tracto digestivo recibe nutrientes y fibra. Y, finalmente, el cuarto día, la sangre, el sistema linfático y otros órganos se alimentan con los minerales.

El primer día, comer solo frutas y sus jugos. Elegir entre manzanas, peras, fresas, melones, melocotones y cerezas.

Al día siguiente, tomar todas las infusiones que se quiera. Elegir la frambuesa, manzanilla, menta, entre muchas otras variedades.

El tercer día, comer todos los vegetales que desee, crudos, cocidos al vapor o en sopas.

El último día, hacer una olla grande de caldo de verduras, cocinando a fuego lento coliflor, repollo, perejil, pimienta verde, la cebolla, el ajo, o cualquier otro vegetal. Agregar sal marina y cubos de caldo de verduras. Beber solo el caldo todo el día.

Anexo

Alternativas naturales para el hogar

En esta sección, encontrarás varias alternativas naturales que puedes emplear fácilmente para limpiar las verduras de plaguicidas y contaminantes biológicos, para reemplazar los ambientadores, brilladores de metales, blanqueadores, desinfectantes y demás, para evitar la contaminación que este tipo de productos generan. Además, incluyo remedios de origen natural para tratar las picaduras de diferentes insectos, de manera muy sencilla.

Si quieres ahondar en el tema y conocer otras estrategias, te recomiendo las revistas españolas *Integral, Discovery salud y Cuerpo-Mente*, de donde viene parte de esta información, y la de otras partes del libro, que tienen el respaldo y la idoneidad suficiente para validar estos temas.

LIMPIEZA DE VEGETALES Y LEGUMBRES

Uno de los grandes problemas al consumir vegetales es su alto contenido de pesticidas y otros tóxicos similares, que no salen con el simple lavado. Las legumbres se almacenan generalmente en zonas donde reciben además raticidas. Estos productos pueden ser eliminados si se sumergen durante veinte minutos en una solución de un litro de agua pura que contenga un centímetro cúbico de hipoclorito de sodio (Clorox), que aunque es un químico con potencial tóxico, resulta útil para retirar las otras sustancias que son de mayor toxicidad. Luego, las verduras se lavan de nuevo muy bien con agua, para retirar el cloro excedente, evitando así que este nos afecte. En el caso de las legumbres, se pueden dejar sumergidas varias horas, ya que debido a su consistencia dura lo necesitan. Este sistema elimina, además, todo tipo de gérmenes contaminantes.

LIMPIEZA DEL HOGAR

Ambientadores

Componentes peligrosos: naftalina, limoneno, hidrocarburos.
Alternativa: popurrís de flores, ambientadores naturales. Un plato con vinagre acaba con el molesto olor a tabaco.

Antipolillas

Componentes peligrosos: naftaleno, paradiclorobenceno.
Alternativa: cortezas secas de limón o ramilletes de lavanda.

Blanqueadores de ropa

Componentes peligrosos: hidróxido potásico o sódico, peróxido de hidrógeno, hipoclorito sódico.
Alternativa: meter en la lavadora una media de algodón con medio limón en su interior.

Desinfectantes

Componentes peligrosos: dietileno, metilenglicol, hipoclorito sódico, fenoles.
Alternativa: mezclar un litro de agua, dos cucharadas de bórax y un vaso de vinagre.

Desodorantes de baño

Componentes peligrosos: ácido oxálico, paradiclorobenceno, hipoclorito cálcico.
Alternativa: vinagre o bórax.

Insecticidas

Componentes peligrosos: organofosforados, carbamatos, piretrinas.
Alternativa: contra las moscas y mosquitos, usar albahaca o romero. Contra las cucarachas, mezclar bicarbonato y azúcar.

Limpiador para hornos

Componentes peligrosos: hidróxido módico y potásico, amoniaco, disolventes tóxicos.
Alternativa: limpiar en caliente. Rociar con sal gruesa. Repasar con una mezcla de agua, jabón para ropa (en pastilla) y bórax.

Pinturas

Componentes peligrosos: pigmentos, etileno, hidrocarburos alifáticos, destilados de petróleo.
Alternativa: pintura a la cal, a base de agua o látex.

LIMPIEZA DE METALES

Para eliminar las manchas de cualquier tipo de metal, abrillantar objetos o quitar el óxido, hay limpiadores naturales a nuestro alcance que son muy eficaces y fáciles de usar. Cada tipo de metal requiere un producto concreto y una forma de uso determinada.

Cobre

Producto limpiador: media cebolla o la mitad de un limón untado con sal.

Forma de uso: se frota en círculos sobre la mancha.

Latón

Producto limpiador: pasta de limón y sal o de vinagre y bicarbonato.

Forma de uso: hay que repasar la superficie con esta pasta.

Bronce

Producto limpiador: solución de zumo de limón, agua y amoniaco.

Forma de uso: frotar la superficie, aclarar y secar. Repasar con un trapo y alcohol de quemar.

Estaño

Producto limpiador: petróleo.

Forma de uso: se limpia con un paño con petróleo y se repasa con otro mojado en cerveza.

Oro

Producto limpiador: zumo de una cebolla.

Forma de uso: se sumerge la pieza un par de horas y luego se saca brillo con un paño.

Plata

Producto limpiador: pasta dentífrica.

Forma de uso: se frota con un paño hasta recuperar el brillo.

Cromado

Producto limpiador: vaselina.

Forma de uso: repasar con un paño de lana, aclarar con agua caliente y sacar brillo.

Hierro

Producto limpiador: petróleo para quitar el óxido. Cera de abeja para protección.

Forma de uso: los objetos pequeños se dejan en remojo. Los grandes se restriegan con un estropajo metálico mojado en petróleo.

PICADURAS DE INSECTOS

Abeja. Aparición brusca de un edema con dolor punzante y sensible al tacto. Extraer el aguijón con cuidado de no romperlo y aplicar una compresa empapada en una mezcla de vinagre de vino y agua fría. El uso de tres hojas de plantas distintas friccionadas de manera inmediata también puede ser útil. También es útil un emplasto de arcilla. Homeopatía: *Apis* 9 o 15 CH.

Avispa. Los efectos, la actuación inicial y el remedio de homeopatía son los mismos. Sin embargo, en el caso de la picadura de avispa, se ha comprobado que, en lugar de vinagre, resulta más eficaz aplicar bicarbonato sódico diluido en agua.

Escorpión. Para que el veneno no se extienda, vendar y sumergir la zona en agua caliente. Conviene ir a un centro médico para la administración de un antídoto. Homeopatía: *Ledum* 5 CH y *Scorpio* 5 CH.

Medusa. Produce urticaria. Los trozos de tentáculos adheridos a la piel se desprenden con vinagre. Homeopatía: *Ledum* 5 CH y *Urtica urens* 5 CH.

Mosquito. Su picadura es la más habitual y suele producir picor y enrojecimiento. Lo mejor es ahuyentarlos con aromas que los repelan. Para aliviar las molestias, pasar sobre la zona afectada una rodaja fina de cebolla fresca. Homeopatía: *Apis* 9 CH (si molesta, duele o se hincha).

Tábano. Grandes ronchas y una aguda sensación de quemazón. Resultan eficaces las plantas antisépticas y desinflamantes, como lavanda y caléndula. Homeopatía: *Cantharis* 7 o 9 CH.

Tarántula. Inflamación, dolor y ardor intenso, con tendencia a endurecerse y adquirir un tono azul oscuro. Homeopatía: *Tarentula cubensis* 7 o 9 CH. Como prevención, mientras se esté en una zona de riesgo, puede tomarse *Ledum palustre* 5 CH dos veces al día.

En cualquiera de los casos anteriores, se puede colocar un trozo pequeño de carbón vegetal y dejarlo adherido con un micropore; esto reduce el dolor, la hinchazón y el prurito.

Agradecimientos

A papá Dios, por todo lo otorgado y recibido en cada instante de mi vida.

A los reinos de la naturaleza, que mantienen la vida en este planeta.

A todos los seres de luz, que nos cuidan, guían y acompañan.

A Adriana, mujer esencial que me ha amado, ayudado y acompañado por encima de todo.

A Juanchis y Gabi, mis dos mejores correctores de estilo en la vida, que junto a Limón y Uva completan mi hogar.

A mis pacientes, que son mi motivación de servicio y mis grandes benefactores.

A mi equipo humano del consultorio, que es esencial para atender a mis pacientes.

A Ana María, que me "metió" en este proyecto.

A Natalia, que me "sacó" al otro lado.

A mis lectores, que me llevan cada día a buscar para aprender y enseñar.

Bibliografía

Acosta, Sergio E. *Deporte y naturismo*. Barcelona: Dietisa S. A., 1987.

Agrapart, Christian y Michele Agrapart–Delmas. *Guía de la terapia por los colores*. Barcelona: Ediciones Índigo, 1990.

Bailey, Alice A. *La curación esotérica*. Buenos Aires: Editorial Fundación Lucis, 1964.

——. *Del intelecto a la intuición*. Buenos Aires: Editorial Fundación Lucis, 1976.

Balch, James F. y Phyllis A. Balch. *Prescription for Nutritional Healing*. Nueva York: Avery Publishing Group, 1993.

Barney, Paul. *Doctor's Guide to Natural Medicine*. Pleasant Grove, Utah: Woodland Publishing, 1998.

Barrio Healey, Sacha. *La gran revolución de las grasas*. Bogotá: Editorial Norma, 2006.

Bergasa Lajusticia, Ana María. *El magnesio clave para la salud*. Santiago de Chile: EDAF Chile, S. A., 2001.

Beyersdorff, Dietrich. *La medicina natural en la lucha contra el cáncer*. Barcelona: Integral, 2003.

Bizkarra, Karmelo. *El poder curativo del ayuno*. Bilbao: Editorial DDB, 2007.

Borysenko, Joan. *Cómo alcanzar el bienestar físico y emocional mediante el poder de la mente*. Bogotá: Editorial Norma, 1988.

Botero Toban, Luz Carime. *Oración por la libertad*. Bogotá: Editorial Unión Lake Corp. Ltda., 2003.

Bragg, Paul C. y Patricia Bragg. *Water: The Shocking Truth That Can Save Your Life*. Santa Bárbara, Calif.: Health Science, 2004.

Brigo, Bruno. *Todo sobre la oligoterapia de la A la Z*. Barcelona: Terapias Verdes, 2004.

Calbom, Cherie y Maureen Keane. *Juicing for Life*. Nueva York: Avery, 1992.

Carvajal, G. y col. "Exposición ocupacional a solventes orgánicos y alteraciones en la visión del color en trabajadores de una empresa de hidrocarburos". En: *Actualizaciones en Enfermería* 2004; 7(2):7-10.

Cichoke, Anthony J. *The Complete Book of Enzyme Therapy*. Nueva York: Avery, 1998.

Correa, Rubén Darío. *Autosanación el alma en acción AAA*. Medellín: edición independiente, 2004.

Dalai Lama con Howard C. Cutler. *El arte de la felicidad*. Barcelona: Grijalbo-Mondadori, 2002.

Díaz Ángel, Luis. *La memoria en las células*. Buenos Aires: Editorial KIER, 2008.

Discovery Salud, números 45, 50, 58. Madrid: Ediciones MK3 S.L., 2002.

Emoto, Masaru. *Los mensajes ocultos del agua*. Bogotá: Ediciones Alfaguara, 2006.

Firshein, Richard. *La revolución de los farmanutrientes*. Madrid: Editorial Edaf S. A., 2000.

Franco González, Fidel. *Efectos de los campos de energía sobre el ser humano*. Barcelona: Ediciones Índigo, 1999.

Gaynor, Mitchell L. *Sonidos que curan*. Barcelona: Ediciones Urano S. A., 2001.

Gittleman, Ann Louise. *Cómo vencer el cansancio crónico*. Barcelona: Ediciones Urano, 1999.

Goleman, Daniel. *La inteligencia emocional*. Buenos Aires: Javier Vergara Editores, 1995.

——. *Emociones destructivas*. Buenos Aires: Editorial Vergara, 2003.

——. *Inteligencia social*. Bogotá: Editorial Planeta, 2006.

Gutiérrez Bolaños, Jorge. *Bases fisiopatológicas del laboratorio clínico*. Bogotá: Editorial Códice Ltda., 2002.

Gutman, Jimmy. *GSH: Your Body's Most Powerful Protector Glutathione*. Montreal: Kudo C.A. Communications INC., 1998.

Integral Números 235, 236, 238, 246, 247, 250, 252, 255, 256, 258, 259, 260, 262, 268, 269, 270. Barcelona: RBA revista S.A., 2000 y 2001.

Lassaletta, Rafael. *El hígado: dolencias hepáticas y trastornos más comunes*. Madrid: Ediciones EDAF, 1982.

Lawrence, Ron y Paul J. Rosch. *Magnet Theraphy: The Pain Cure Alternative*. Rocklin, Cal.: Prima Health, 1998.

Leberman, Shari y Nancy Bruning. *The Real Vitamin and Mineral Book*. Nueva York: Avery Publishing Group, 1997.

Leprince, Albert. *Los colores y los metales que curan*. Madrid: Las mil y una ediciones, 1980.

Levy, Thomas E. *Curing the Incurable*. Nueva York: Livon Books, 2002.

Liponis, Mark. *Ultralongevidad*. Bogotá: Editorial Norma, 2008.

Meyerowitz, Steve. *Ayuno con zumos y desintoxicación*. Barcelona: Obelisco, 2006.

Mindell, Earl. *Parents Nutrition Bible*. Carlsbad, Cal.: Hay House, INC., 1991.

Moritz, Andreas. *Limpieza hepática y de la vesícula*. Barcelona: Obelisco, 2008.

Moscoso Hernández, Rafael. *Contaminación invisible*. Bogotá: Editorial Vergara, 2007.

Nesse, Randolph M. y George C. Williams. *¿Por qué enfermamos?* Barcelona: Ediciones Grijalbo, 2000.

Ouellette, Jenniffer. *Cuerpos negros y gatos cuánticos*. Bogotá: Editorial Norma, 2005.

Peña, Carlos E., Dean E. Carter y Félix Ayala-Fierro. *Toxicología ambiental: evaluación de riesgos y restauración ambiental*. Distribuido a través de Internet por Southwest Hazardous Waste Program, 2001.

Ramos, Felicísimo. *El agua magnetizada*. Madrid: Mandala, 1994.

Rebaudi, Ovidio. *El magnetismo curativo al alcance de todos*. Madrid: Editor Luis Carcamo, 1989.

Rojas Posada, Santiago. *Esencias de flores para cada momento*. Bogotá: Editorial Planeta, 2012.

———. *La armonía de las formas*. Bogotá: Editorial Norma, 2007.

———. *La estrategia del Ave Fénix*. Bogotá: Editorial Norma, 2007.

Sears, Barry. *Dieta para estar en la Zona con omega 3 Rx*. Barcelona: Ediciones Urano, 2005.

Sha, José Antonio y Adelita Salcedo. *Aprende a desintoxicarte*. Barcelona: Ediciones Obelisco, 1995.

Watson, Brenda. *The Detox Strategy*. Nueva York: Free Press, 2008.

Enlaces de interés

www.alimentacion-sana.com.ar

www.atsdr.cdc.gov/es

www.ayurtox.com

www.blogcatalog.com/blog/desintoxicacion-y-limpieza-del-colon

www.cuerpomente.es

www.detox.net.au

www.drclark.net

www.dsalud.com

www.enbuenasmanos.com

www.larevistaintegral.com

www.scribd.com/doc/6976908/Intoxicacion-Por-Alimentos

www.slideboom.com/presentations/105009/desintoxicarse

http://superfund.pharmacy.arizona.edu/toxamb/

www.watercure.com